ELENA LAURENZI

María Zambrano

MUJERES Y
PENSAMIENTO
POLÍTICO

altamarea

Primera edición en esta colección: julio de 2025

© 2025 Elena Laurenzi
© de la presente edición: Altamarea Edición de Libros SL
© de la traducción: Beatriz Gómez-Miedes

Diseño de la colección: Sara Maroto Hebrero
Corrección: Carolina Pozo Melero y Andrea Pérez Álvarez

El proyecto «Mujeres y pensamiento político» cuenta con el
apoyo del Istituto di Studi Storici Gaetano Salvemini de Turín

Istituto di studi storici
Gaetano Salvemini

ISBN: 978-84-18481-84-0
DL: M-13661-2025

Impreso en España por Estugraf en junio de 2025

ELENA LAURENZI

María Zambrano

Traducción de
Beatriz Gómez-Miedes

Elena Laurenzi es profesora de Filosofía de la Cultura en la Universitat de Barcelona. Es directora de investigación del Seminari Filosofia i Gènere y forma parte del centro de investigación ADHUC de la misma universidad. Ha publicado varios ensayos sobre el pensamiento de María Zambrano y ha traducido al italiano algunas de sus obras, entre ellas el epistolario con Elena Croce y el inédito *Dante espejo humano*.

NOTA DE LOS EDITORES

¿Cómo y hasta qué punto han contribuido las mujeres a conformar el pensamiento político? Quien busque la respuesta a esta pregunta en los manuales universitarios quedará perplejo: aparte de en contadas excepciones, es muy difícil encontrar nombres femeninos en los textos que recorren la historia del pensamiento político moderno y contemporáneo. Una ausencia aún más llamativa si tenemos en cuenta el gran número de trabajos especializados hoy disponible, dedicados a figuras relevantes, en particular a las mujeres que, desafiando el tradicional monopolio masculino, supieron hacerse notar en los ambientes socio-culturales y en los sectores profesionales —desde la ciencia a la política, del deporte al mundo empresarial— de los que por tanto tiempo fueron excluidas a causa de los prejuicios.

De la constatación de esta ausencia, que testimonia un retraso no exento de culpa, nace la idea de esta colección: una serie de estudios dedicados a pensadoras y teóricas de la política, redactados de manera depurada y eficaz, fruto de recientes investigaciones confiadas a estudiosas y estudiosos de la disciplina. De esta manera se bosqueja una primera panorámica de la fundamental contribución femenina al desarrollo teórico y conceptual, a la deconstrucción y resignificación de los grandes temas que atraviesan «lo político». Un trabajo que aproxima, aunque no siempre coincide, a la historia del pensamiento feminista, de la perspectiva de género y de la emancipación de la mujer, y que permite formar un enfoque novedoso, quizás solo por desconocido, de la instauración de la «modernidad política» que —bajo la mirada de estas pensadoras— se muestra todavía más condicionada por una miríada de aporías.

Cristina Cassina,
Giuseppe Sciara,
Federico Trocini

Cronología esencial

1904   María Zambrano nace el 22 de abril en Vélez-Málaga, un pequeño pueblo de Andalucía, donde sus padres, Blas José Zambrano García de Carabante y Araceli Alarcón Delgado, ejercen de maestros. Republicanos ambos, siguen las directrices de la Institución Libre de Enseñanza, que promueve el espíritu reformista de las más avanzadas teorías pedagógicas como herramienta útil para la transformación social y cultural del país.

1909   La familia se traslada a Segovia. Blas Zambrano debe encargarse de la cátedra de Gramática Castellana en la Escuela Normal. Aquí desarrolla una intensa actividad cultural y política, hasta convertirse en uno de los pilares de los movimientos progresistas: impulsa la creación de revistas culturales y funda, con el poeta Antonio Machado, la Universidad Popular.

1911   Araceli, segunda hija de la pareja, nace el 21 de abril. María dirá de ella: «Mi hermana única, ¡cuánto la esperé! […]. Qué alegría tener una hermana; con ella descubrí lo que es más importante en mi vida, […] más que la libertad, la hermandad».

María frecuenta el instituto de Segovia, en el que casi todos son hombres. Lee los libros de la biblioteca de su padre y decide estudiar Filosofía. Con su primo Miguel Pizarro, su gran y conflictivo amor, lee los versos de Federico García Lorca y de los poetas de la Generación del 27, las obras de Nietzsche y Schopenhauer, la mística española y la obra del islamólogo Miguel Asín Palacios. En 1921 comienza a estudiar Filosofía en la Universidad Central de Madrid.

Se traslada a Madrid con la familia, acaba los estudios tras asistir a las clases de Xavier Zubiri y de José Ortega y Gasset, entre otros. Pronto se une a los colaboradores de Ortega en el grupo formado en torno a la *Revista de Occidente,* a la vez que frecuenta los círculos de la vanguardia artística y cultural y entabla amistad con algunos de los escritores y artistas más notables de la Generación del 27.

Inicia el doctorado con un proyecto de tesis —que quedó inacabado— sobre Spinoza y se involucra en el movimiento político estudiantil que lucha contra la dictadura del general Primo de Rivera. Se afilia a la Federación Universitaria Escolar y funda la Liga de Educación Social, de inspiración socialista. Como colaboradora de Ortega, entreteje las relaciones entre estudiantes de la «nueva generación» e intelectuales liberales progresistas. Publica sus primeros artículos en *El Liberal* de Madrid y *Manantial* de Segovia.

Contrae la tuberculosis, que la obliga a pasar un invierno en absoluto reposo.

Con una dura carta —hecha pública a su pesar— incita a Ortega a pronunciarse claramente a favor de la República. Publica su primer libro, *Horizonte del liberalismo.*

Imparte clases de Metafísica en la Universidad Central mientras participa activamente en la campaña electoral del Frente Popular, de cara a las elecciones municipales del 12 de abril. La tarde del 14 de abril presencia la vibrante proclamación de la República en la Puerta del Sol de Madrid. Sin embargo, renuncia a la candidatura que le ofrece el Partido Socialista Obrero Español a las Cortes Constituyentes para seguir la carrera de Filosofía.

Intensifica la colaboración con revistas filosóficas y literarias: *Revista de Occidente, Cruz y Raya, Los cuatros vientos, Hoja literaria,* y participa activamente en la vida política de la recién proclamada República. Con otros jóvenes escritores y artistas (Arturo Serrano Plaja, Luis Cernuda, Antonio Sánchez Barbudo, Federico García Lorca, Ramón Gaya) participa en las «Misiones Pedagógicas» que tienen como objetivo la difusión de la cultura entre la población rural.

Publica en la *Revista de Occidente* los ensayos «Por qué se escribe» y «Hacia un saber sobre el alma», que delinean claramente su original camino filosófico. Ante las políticas antisociales del Gobierno de derechas proclamado tras las elecciones del 19 de noviembre de 1933, y la dura represión de la revolución de Asturias, radicaliza sus posiciones políticas; aunque no se afilia a ningún partido, se declara abiertamente izquierdista y, en 1935, participa en los mítines del Frente Popular.

El 18 de julio, fecha de la insurrección fascista contra el Gobierno de la República, se incorpora enseguida a la Alianza de Intelectuales para la Defensa de la Cultura (AIDC) y colabora en la redacción de su manifiesto. Se casa con el historiador Alfonso Rodríguez Aldave quien, en el vacío diplomático provocado por el levantamiento militar, es nombrado secretario de la embajada de la República Española en Chile, y se traslada con él a Santiago, desde donde sigue con inquietud los acontecimientos de la Guerra Civil.

1937 En junio, con el empeoramiento de la situación política y militar de la República, decide volver a España. Se incorpora al Gobierno republicano en Valencia, donde ocupa el cargo de consejera de Propaganda y consejera nacional de la Infancia Evacuada. Entra en el comité editorial de *Hora de España,* revista de poesía y literatura en la que escriben la mayoría de los intelectuales activos en el frente. Participa en el II Congreso Internacional de Escritores para la Defensa de la Cultura (4-17 de julio), donde presumiblemente conoce a Simone Weil.

1938 Tras la retirada del ejército republicano, se traslada con su familia a Barcelona, donde muere su padre.

1939 El 28 de enero cruza la frontera española con la interminable fila de exiliados republicanos. Es el comienzo de un exilio que durará más de cuarenta y cinco años. Se embarca enseguida hacia México, donde le ofrecen una colaboración con la Universidad Michoacana de San Nicolás de Hidalgo en Morelia. En París deja a su madre y a su hermana, que vivirán el horror de la ocupación alemana, el acoso de la Gestapo y la dramática experiencia de la detención y extradición del compañero de Araceli, Manuel Muñoz, fusilado en Madrid en diciembre de 1942. En el barco que la lleva a América, María escribe *Filosofía y poesía.*

1940 Decide abandonar México y afincarse en Cuba. Su profunda amistad con el poeta José Lezama Lima la une a la isla, a la que definirá como una suerte de «patria prenatal». Participa en el grupo de poetas de *Orígenes* que dirige Lezama, y en las actividades del club cultural femenino Lyceum.

1941–45

Publica en la revista *Sur,* dirigida por su amiga Silvina Ocampo, los ensayos que componen el volumen *La agonía de Europa.* En 1943 publica también *La Confesión: género literario y método.* Vive entre Cuba y Puerto Rico, donde da cursos en la Universidad de Río Pedras y conferencias en varios clubes, incluida la Asociación de Mujeres Graduadas. De las reflexiones sobre las mujeres y la cultura nacerán los ensayos sobre Eloísa, Diótima, Antígona o la obra de Galdós.

1946

Tras la liberación de París, obtiene un visado para viajar a Francia, pero no puede volver a ver a su madre, que muere antes de que ella llegue a la capital francesa.

1946–48

Pasa casi dos años en París con su hermana Araceli, con la ayuda económica y logística de algunos amigos. Entra en contacto con intelectuales franceses (Malraux, Sartre, De Beauvoir) y entabla amistad con René Char y Albert Camus. Este último, el día que murió en 1960, llevaba consigo el manuscrito de la traducción francesa de *El hombre y lo divino* para la editorial Gallimard.

1949–53

Vuelve con Araceli a La Habana, donde vive precariamente de los ingresos que obtiene de conferencias, clases privadas y publicaciones. Con motivo de una licitación del Institut Européen Universitaire de la Culture de Ginebra escribe, en solo cuatro semanas, *Delirio y destino. Los veinte años de una española,* en el que recorre autobiográficamente los acontecimientos de la Segunda República y de la Guerra Civil.

1953–62

Sin abandonar a Araceli, se muda de La Habana a Roma. Frecuenta a Cristina Campo y Elémire Zolla, con quienes comparte el interés por la literatura mística, y entabla una sólida y fructífera amistad con Elena Croce, que pone en marcha numerosos proyectos editoriales. Escribe para las revistas italianas *Botteghe Oscure, Elsinore, Rivista di studi crociani, L'approdo, Settanta.* Trabaja incansablemente en dos proyectos: «Filosofía y cristianismo», del que brota *El hombre y lo divino,* y «Los sueños, el tiempo, el pensar», que da lugar a la publicación de *Los sueños y el tiempo* y *El tiempo creador.* Su reflexión sobre temas políticos y éticos se centra en la persona y su relación con la historia, y culmina en *Persona y democracia* y en *La tumba de Antígona.*

1963–71

En septiembre de 1963 recibe una orden de expulsión de la jefatura de policía de Roma por instigación de la embajada de España, que la considera una enemiga política. A pesar de la rápida intervención de Elena Croce, que consigue la retirada de la orden, María decide abandonar Italia y se refugia en La Pièce, un pueblo aislado en la zona del Jura francés. La vida «ermitaña» que lleva le inspira uno de sus escritos más intensos, *Claros del bosque.* Pasa como eremita los primeros años de su vejez. El sueño de regresar a Italia a través de un proyecto impulsado por Elena Croce, que tenía como objetivo crear un lugar de residencia en la villa La Ginestra de Torre del Greco para los intelectuales exiliados, no puede ver la luz, entre otras razones por el deterioro de la salud de su hermana Araceli. A pesar de algunas señales aperturistas del régimen de Franco, se niega a regresar a España mientras dure la dictadura. Sin embargo, teje un estrecho intercambio con los intelectuales y círculos culturales de la «resistencia silenciosa»: escribe en las revistas *Cuadernos para el diálogo, Ínsula, Índice* y *Papeles de Son Armadans.*

1972–80

Después de años de mucho sufrimiento, Araceli muere el 20 de febrero de 1972. A excepción de un viaje a Grecia y una breve estancia en Roma, María reside permanentemente en La Pièce. Vive aislada voluntariamente, trabaja intensamente en proyectos que verán la luz tras volver a España. Su reflexión, en esta etapa final, se centra en la cuestión del nacimiento, del tiempo y de la trascendencia, y explora los motivos espirituales de diferentes tradiciones. Mantiene un intenso intercambio epistolar con viejos y nuevos amigos: Elena Croce, José Lezama Lima, el teólogo Agustín Andreu, el poeta José Ángel Valente, la poeta Reyna Rivas, el escritor Edison Simons, con quien comparte un proyecto de estudio de la profecía de Lucrecia de León. A menudo confía a las cartas sus intuiciones más originales y profundas, hasta el punto de que el poeta José Bergamín le vaticina: «Tienes que escribir cartas […] será tu obra maestra».

1980–83

Por culpa de una grave pérdida de visión, en 1980 abandona La Pièce y se traslada a Ginebra, donde la acoge su primo Rafael Tomero Alarcón. A propuesta de la colonia asturiana en Suiza, en 1981 recibe el Premio Príncipe de Asturias de Comunicación y Humanidades. Es el primer reconocimiento oficial. A partir de este momento se multiplican en España las iniciativas para que pueda regresar.

1984

El 20 de noviembre, tras cuarenta y cinco años de exilio, María Zambrano vuelve a tocar suelo español. En el aeropuerto de Barajas, por expreso deseo de la escritora, no hay recepción oficial: acuden solo algunos amigos y el director general del Libro y Bibliotecas, Jaime Salinas.

1984–88

En el piso que se pone a su disposición en Madrid, cerca del parque del Retiro, recibe la visita de numerosos jóvenes poetas y escritores: Jesús Moreno Sanz, Fernando Muñoz, José Miguel Ullán, Juan Carlos Marset, Javier Ruiz, César Antonio Molina, Julia Castillo, Clara Janés, Soledad Ortega e Isabel García Lorca, entre otros. Su actividad literaria e intelectual es incansable. Publica artículos y entrevistas; ayudada por colaboradores y amigos, edita volúmenes que recogen sus escritos inéditos: *De la aurora, Notas de un método, Los bienaventurados, Los sueños y el tiempo.* En 1987 es investida doctora *honoris causa* por la Universidad de Málaga y, por iniciativa de Juan Fernando Ortega Muñoz, se crea en Vélez-Málaga la Fundación María Zambrano, a la que lega el archivo y los derechos de sus obras. En 1988 recibe el Premio Cervantes.

1988–90

Una salud cada vez más deteriorada no le impide dictar, en momentos de lúcida tranquilidad, algunos artículos. Publica en noviembre de 1990 su último artículo, «Peligros de la paz», que parece casi un testamento antes de que estalle la guerra del Golfo.

1991

Al mediodía del 6 de febrero fallece María Zambrano en el hospital de la Princesa de Madrid. Se encuentra enterrada en Vélez-Málaga, en el pequeño cementerio local, en una pequeña caseta entre un naranjo y un limonero, y a donde fueron trasladados los restos de Araceli y de su madre. En la lápida hay grabado un verso del *Cantar de los Cantares* (2:10): «*Surge, amica mea, et veni*».

I. Mi inexorable vocación

María Zambrano nace en el seno de una familia con una arraigada sensibilidad social y cultural. La Institución Libre de Enseñanza, de la que sus padres se declaran seguidores, es el contexto en el que —en oposición a las fuerzas reaccionarias del clero y de los terratenientes que dominaban el país, y al oscurantismo de la educación del régimen de la Restauración— se forma una nueva clase social: una burguesía intelectual con ideas liberales, progresistas y cultas. Blas Zambrano es un reconocido pedagogo, un socialista presente en la vida política. María recuerda al padre, al poeta Antonio Machado y al escritor Miguel de Unamuno como «tres altas torres» [*Las palabras del regreso,* 2009:206]. En él encuentra la figura del primer maestro, el que le transmite la pasión por la filosofía y la importancia de investigar; y a él dedica María el primer libro que escribe: «A mi padre. Porque me enseñó a mirar» [*Horizonte del liberalismo,* 2015:53]. La madre, Araceli Alarcón, también maestra, es una mujer culta y religiosa. Es la hija de Francisco Alarcón, maestro de instrucción pública, «teólogo vocacional, heterodoxo recalcitrante y conversador innato» [Ortega Muñoz 2006:26]; está dotada de una sensibilidad extraordinaria. María recuerda sus «grandes ojos claros» que devienen «casi fosforescentes» cuando, ante episodios aparentemente insignificantes de la actualidad («algún detalle que la prensa había publicado en un espacio perdido, una palabra cogida al vuelo en un discurso de algún estadista, y hasta un leve gesto de alguna imagen fotográfica») predice los tiempos oscuros que vendrán con visiones premonitorias que la mente racional del marido no comprende, pero que se harán realidad de manera dramática [*Delirio y destino,* 2014:935]. De la madre, María aprende la forma de conocimiento que nace del sentir y que la llevará a reivindicar, junto a la metáfora de la luz intelectual, «la visión del corazón» [«La metáfora del corazón», *Hacia un saber sobre el alma,* 2016:460-468]. A Araceli Alarcón dedica dos libros, y ambas dedicatorias hacen referencia a la Segunda Guerra Mundial, durante la cual se apagó su vida: «A mi madre, en el corazón de Europa, de su hija María. La Habana, 24 de septiembre de 1945» [*La agonía de Europa,* 2016:329]; «A mi madre, Araceli Alarcón,

Bentarique (Almería), 1879 † París, septiembre de 1946. A ella que cada día amanecía» [*De la aurora,* 2018:201].

Desde pequeña, María ha dejado entrever una personalidad singular e inquieta. Fascinada por el monumento templario que hay cerca de Segovia, aspira a ingresar en la orden. Sus padres se ven obligados a explicarle que hay zonas inaccesibles para una mujer. Y esta respuesta se le queda «en el alma flotando»:

> Y entonces pregunté, no sé si a mi madre o a mi padre, si había que ser siempre lo que ya se era, si siendo yo una niña no podría ser nunca un caballero, por ser mujer. Y eso se me quedó en el alma flotando, porque yo quería ser un caballero y quería no dejar de ser mujer, eso no; yo no quería rechazar, yo quería encontrar, no quería renegar y menos aún de mi condición femenina, porque era la que se me había dado y yo la aceptaba, pero quería hacerla compatible con un caballero y precisamente templario [«A modo de autobiografía», 2014:717].

Los libros le llaman la atención antes incluso de saber leer. En un texto autobiográfico cuenta el encuentro secreto con un volumen que ha hurtado en la biblioteca familiar y que la espera por las noches en el recogimiento del dormitorio:

Recuerdo haber elegido sin pensarlo, a ciegas, sin apenas saber leer, un pequeño libro de una colección filosófica a la que mi padre era afecto. Y yo no sabía, no tenía idea de lo que era la filosofía y mucho menos de lo que fuese ese autor cuyo nombre campeaba sobre el libro chiquito: Leibniz, pude leer. Y ese libro lo guardé, creo que casi lo robé, y lo puse en un cofre en que yo guardaba las cosas preciadas, en que hubiese guardado las joyas […]. En mi cuarto, por la noche, cuando ya se habían retirado mis padres, sacaba el libro, lo acariciaba, lo acercaba a mi rostro […]. Entonces era sorprendida, con la sonrisa benévola de mi padre, leyendo aquellos libros antes de saber leer y acuciándole un poco para que me enseñara a leer y poder leer, descifrar aquellos caracteres, porque mis padres no tenían ningún interés en que su hija fuese una niña prodigio y, sobre todo, en que su mente se llenara de imágenes y de pensamientos inadecuados para su edad [*Las palabras del regreso,* 2009:180].

No obstante la prudencia pedagógica de los padres, ella no deja de seguir su camino, guiada por una gran sed de conocimiento y una manifiesta voluntad de estudiar filosofía incluso antes de saber el significado de la palabra:

Mi padre me habló de la Academia Platónica, donde está inscrito «Nadie entre aquí sin saber geometría» y yo la geometría no la dominaba y, de tanto en tanto, con mucha impaciencia, le preguntaba a mi padre: «¿Pero cuándo me vas a enseñar geometría?». «¿Y por qué?». «Porque yo tengo que pensar» [«A modo de autobiografía», 2014:719].

En 1924 se matricula finalmente en la carrera de Filosofía de la Universidad Central de Madrid y entra en contacto con José Ortega y Gasset, carismático filósofo de la «razón vital» y personalidad pública de referencia debido a la intensa acción cultural que lleva a cabo: los artículos en el periódico *El Sol* y los ensayos publicados en la *Revista de Occidente,* y en la editorial homónima que fundó, difunden en España lo mejor de la cultura europea. La invocación que hace a una «nueva política» alimenta los proyectos reformistas y la oposición a la dictadura del general Primo de Rivera. María Zambrano siempre reconocerá el magisterio de Ortega y Gasset porque ejercía la filosofía como una actividad vital y no puramente especulativa. Sin embargo, al recordar el primer y desalentador contacto con las aulas universitarias, confiesa que ni siquiera en las lecciones del maestro encontraba una respuesta satisfactoria a su ansia de filosofar. Frente al «absoluto impenetrable» de las categorías filosóficas, que consideraba «espantosamente distantes» de la vida, el pensamiento de Ortega le parecía demasiado claro, ya que proyecta sobre la vida la luz apolínea de la razón y eclipsa todo lo que permanece enigmático y oscuro. Desconcertada, la joven estudiante decide abandonar los estudios. Pero, con una súbita revelación, intuye la posibilidad de seguir un camino filosófico original, suyo, que refleje sus sentimientos:

A nadie comuniqué mi decisión de dejar de estudiar la filosofía, pero luego, un día inolvidable, del mes de mayo había de ser, por una de las rendijas del edificio de San Bernardo que daban a un patio y que era una cortina negra, entró un rayo de claridad [...] y yo me encontré, no dentro de una revelación fulgurante, sino dentro de lo que siempre ha sido mejor para mi pensamiento: la penumbra tocada de alegría. Y entonces, calladamente —en la penumbra, yo diría más que de mi mente, de mi ánimo, de mi corazón— se fue abriendo como una flor el discernido sentir de que quizá yo no tenía por qué dejar de estudiar filosofía [*Hacia un saber sobre el alma,* 2016:428].

Este recuerdo contiene la revelación de una vocación filosófica que se expresa en un especial toque de luz y que dirigirá toda una vida de reflexión. Cuando, ya muy mayor, echa la vista atrás y revisa lo que ha escrito, María Zambrano evoca una y otra vez la imagen de la aurora, y en ella reconoce el sello, casi la señal escondida, de su filosofar:

Cuando a veces tengo que releer algún capítulo, algún escrito, aparece la aurora al final y es que, es verdad, al final en todo lo que he escrito y en todo lo que he vivido, aparece la aurora [«A modo de autobiografía», 2014:721].

La imagen de la aurora, luz naciente que surge de las tinieblas y se mantiene cercana a la oscuridad de la noche, le sirve a María Zambrano para indicar su elección de alejarse del dualismo luz-oscuridad que domina la tradición filosófica y que vehicula, a su vez, una serie de oposiciones jerárquicas: razón y pasión, mente y cuerpo, sujeto y objeto, forma y materia y, ante todo, masculino y femenino. La aurora, por el contrario, es metáfora de una razón filosófica «misericordiosa» que no se impone con la claridad definitiva del concepto, sino que se filtra, insinuante, en las zonas oscuras de la realidad —las que escapan a los dictados de la razón y a las categorías del logos— y las rescata de la invisibilidad y del silencio. Con Empédocles, Zambrano afirma que era necesario buscar «un logos que se hiciera cargo de las entrañas […] que hiciera ascender hasta la razón lo que trabaja y duele sin cesar, rescatando la pasividad y el trabajo, y hasta la humillación de lo que late sin ser oído, por no tener palabra» [*De la aurora,* 2018:344].

La vocación filosófica entrevista en las aulas universitarias se manifiesta, algo después, en el ensayo

«Hacia un saber sobre el alma», escrito en 1934 para la *Revista de Occidente.* El texto hunde las raíces en uno de los últimos libros de Max Scheler, *Ordo amoris,* en el que el fenomenólogo alemán defiende la necesidad de una cultura del corazón, «un orden del corazón, un orden del alma que el racionalismo, más que la razón, desconocen» [*Hacia un saber sobre el alma,* 2016:435].

En la misma línea, la joven autora se acerca a otros pensadores —Pascal, Spinoza, Nietzsche— que se alejan del racionalismo y del idealismo para explorar la experiencia humana y, de lleno en esta genealogía, anuncia la intención de indagar en «el delicado saber acerca de las cosas del alma» y en las múltiples razones que la vida alberga en sí para componerlas en una forma de conocimiento alternativa a la «claridad y distinción» de Descartes.

María Zambrano recuerda que Ortega, a pesar de haberlo publicado, aceptó con reservas las tesis del artículo. Estaba convencida de practicar la «razón vital» que predicaba el maestro, pero este intuyó antes que ella, en la novedad del enfoque, la distancia que se abría entre ellos: «Estamos todavía aquí y usted ha querido dar el salto al más allá», objetó. Y María confiesa que recorrió con lágrimas la Gran Vía de Madrid, afligida por su «discipulado total» [«Sobre la iniciación», 1986:6].

A partir de esta revelación, toma cuerpo su original búsqueda de la «razón poética» y, entrelazada con ella, la experimentación de una forma de escritura filosófica que va más allá del rigor lógico del sistema y se contamina con otros géneros literarios más cercanos a la vida: la poesía, la tragedia, la mística, el mito, las confesiones, los epistolarios. Sin duda, el suyo es un trabajo poco ortodoxo, como apunta en una entrevista:

> Todavía no he dejado de encontrarme en una situación en la que se me impone la necesidad de elegir: las personas que me amaban, desde siempre, me pedían que eligiese entre la literatura, la filosofía y la política. Pero yo no podía. Desde siempre he tenido una vocación arraigada, profunda. ¡Pero cuál fuese esa vocación, era otra cuestión! La filosofía era para mí irrenunciable, pero todavía más irrenunciable era la vida, el mundo. No podía aislarme de lo que sucedía en el mundo, ni considerarme aparte; no podía estar sola, desvinculada, ni podía limitarme a una única actividad […] siempre he estado en el límite [«He estado siempre en el límite», 1989b:70].

La filosofía, para María Zambrano, será siempre una vocación: no se convirtió ni en una profesión ni en una carrera académica. Sin embargo, escribe filosofía durante toda su vida y sin tregua, como demuestran los numerosos manuscritos, muchos de ellos inéditos mientras vivió y hoy conservados en la fundación que lleva su nombre en Vélez-Málaga. Escribe, sobre todo, de noche, cuando los pesados quehaceres diarios le dejan el tiempo y el espacio necesarios para el recogimiento.

> La verdad necesita de un gran vacío, de un silencio donde pueda aposentarse, sin que ninguna otra presencia se entremezcle con la suya, desfigurándola [...]. Hay secretos que requieren ser publicados y ellos son los que visitan al escritor aprovechando su soledad, su efectivo aislamiento, que le hace tener sed. Un ser sediento y solitario necesita el secreto para posarse sobre él, pidiéndole, al darle su presencia progresivamente, que la vaya fijando, por palabra, en trazos permanentes. Solitario de sí y de los hombres y también de las cosas, pues solo en soledad se siente la sed de verdad que colma la vida humana [«Por qué se escribe», *Hacia un saber sobre el alma*, 2016:449].

Los manuscritos testimonian los pasos de una escritura que se entrega a la reflexión, y encontramos anotados a menudo el día, el lugar y hasta la hora que los vio nacer. El pensamiento es libre de seguir sus propios laberintos sin una dirección predeterminada; vuelve sobre sus pasos, corrige el punto de mira, se cuestiona: «El secreto se revela al escritor mientras lo escribe» [*ibidem*, 446].

II. Mi adolescencia fue la política

«En cierto modo mi adolescencia […] era política, fue la política […]. Yo no me vi en una cátedra dando clases de Filosofía, aun con todo lo que la amo, porque no puedo, porque amo la vida» [*Las palabras del regreso,* 2009:94]. Con estas palabras, María Zambrano declara la importancia de su compromiso político juvenil, y lo presenta como una manifestación de amor a la vida. Igual que cuando filosofa, su manera de pensar la política y de participar en ella siguen la necesidad de poner la vida como objetivo principal, y esto la lleva a experimentar nuevos lenguajes, a redefinir las prioridades y los criterios y a ampliar el ámbito de lo que se entiende por política.

En la primavera de 1928, mientras estudia y frecuenta el círculo de colaboradores de Ortega, se incorpora a la Federación Universitaria Escolar (FUE): una organización estudiantil no partidista, de principios republicanos, que lucha contra la dictadura de Primo de Rivera y la monarquía de Alfonso XIII. Con unos cuantos compañeros funda la Liga de Educación Social, que recuerda a la Liga de Educación Política fundada por Ortega en 1913, pero tiene un marcado carácter antielitista y se preocupa por la justicia y la integración social. España era, en aquel momento, un país plagado de analfabetismo y profundamente estratificado a nivel económico, social y cultural. Sin embargo, la agitación política que atravesó Europa entre los años 1920 y 1930 afectó también a la sociedad española, que vio la aparición de nuevos agentes políticos, con nuevas ideas sobre la participación y propuestas para un cambio radical de las costumbres: el movimiento estudiantil, los trabajadores sindicalizados, los movimientos anarquistas, las vanguardias artísticas. La capital a la que Zambrano se muda con su familia a finales de los años veinte es una ciudad vibrante, un crisol de ideas, de iniciativas y de cultura. Por doquier aparecen círculos literarios, revistas y grupos de acción, la cultura europea se mueve en un ambiente fluido y se difunden ideales progresistas, constitucionales y republicanos.

María Zambrano se convierte pronto en un personaje público. Como observa Jesús Moreno Sanz [2019:28], los documentos y declaraciones del movimiento estudiantil llevan la huella clara de su pensamiento y muchas reuniones se celebran en casa de Zambrano, por lo que es sometida a registros y amonestaciones por parte de la policía. Teje relaciones entre los jóvenes activistas y los intelectuales liberales de la generación anterior, a la vez que desempeña un papel fundamental a la hora de estimular la implicación de estos en una acción política pro-república. En una carta fechada en febrero de 1930 se dirige severamente a Ortega; le pide que se pronuncie contra la monarquía y lo invita a ofrecerse como modelo a las nuevas generaciones que se inspiraban en su llamamiento a hacer una «nueva política».

En su autobiografía *Delirio y destino. Los veinte años de una española,* Zambrano insiste en la novedad, en el carácter inédito e inaudito de la política juvenil. Los nombres de las células de los activistas universitarios y los títulos de las columnas publicadas en la prensa por estudiantes así lo demuestran: «Nueva generación», «Vida joven», «Al aire libre», «Horizontes», «Germinar». Son palabras que indican la irrupción en escena de un sujeto político audaz, que se expone «sin la protección de un nombre definido» [*Delirio y destino,* 2014:874], de una identidad preestablecida, con la imperiosa conciencia de representar y de buscar algo nuevo. Y la novedad, subraya además la autora, consiste también en la decisiva presencia de las mujeres, que se lanzan a la vida pública y aportan «instancias nuevas, inauditas», gracias a que son «inéditas como individuos y como género».

La novedad radical de las exigencias de los jóvenes y de las mujeres explica sus reticencias a la hora de formular un programa o de concretar un objetivo con el lenguaje y los referentes de la política conocida. Indicativa, en este sentido, es la crónica irónica que relata Zambrano en *Delirio y destino* tras un encuentro entre los estudiantes y Manuel Azaña —entonces un joven y brillante abogado y luego, a los pocos años, presidente de la República—. La historia hace patente el desencuentro, una incompatibilidad más que un desacuerdo sobre el fondo. Ante la vaguedad de las proposiciones de los jóvenes, el futuro estadista reaccionó con irritación:

Pero él quería precisar, o hacerles precisar, y ellos no podían, ni querían precisar en aquel momento: no era un partido político lo que querían hacer. […] Impaciente saltó: «Pero todo eso hay que definirlo, concretarlo». […] Un cierto malestar les mantuvo en silencio mientras bajaban la calle. Es verdad que no habían pensado en aquellas cuestiones, tan precisas. […] Ellos se entendían sin precisaciones. Y rechazaban un tanto la coacción de la voluntad que exige al pensamiento que aboque en definiciones; querían respirar ancha, profundamente, al unísono; no solo el pulso sino el ritmo, el ritmo de una común respiración [*ibidem,* 870].

El episodio demuestra dos maneras de pensar y de practicar la política. En la «Nueva generación», la definición del programa está subordinada a una inspiración que aún no tiene fijado un objetivo, y que ni siquiera se proyecta en un sistema utópico. Los jóvenes prefieren, a la formación de un partido, el entramado de una red, «estructura viviente, forma de tejidos» que «no transmite órdenes sino impulsos, vibraciones sutiles» [*ibidem,* 1019]. Y a la doctrina anteponen la difusión de una nueva forma de vida, un «cambio de actitud» donde los roles de género sean los primeros en ser subvertidos:

> Había un estilo, eso sí, una voluntad de estilo que ni siquiera era nombrada así. [...] Y algo importante, especie de credo inicial, de promesa más bien no formulada, pues formulaban muy poca cosa, era el modo de relación entre los sexos: había horror y repugnancia de la coquetería, de la conquista [...] de la hostilidad y separación entre los dos sexos engendradora de tantas tergiversaciones [*ibidem,* 874-875].

Incluso en el plano de los diagnósticos, la nueva política se basa en la intuición, en la capacidad de ser el «pulso» de un país cambiante, de captar «una atmósfera, una inteligencia que circulaba» [*ibidem,* 874], de dejarse orientar «por los órdenes de la luz, de la temperatura, "del tiempo"» [*ibidem,* 869]. La música le parece a María Zambrano el receptor más sensible de las transformaciones en curso. Se necesita una conciencia musical, observa, una «conciencia que solo dispusiese de un oído afinado» para captar la gestación del futuro en el latido del país, en su ritmo cambiante:

En Madrid se escuchaba ahora otra música [...] la vida misma de la ciudad exhalaba su música: un sonido que subía de tono, un tono cada vez más sostenido, una cierta melodía, un ritmo que tendía a hacerse «presto», una especie de «alegro a la marcha» que se insinuaba [*ibidem,* 965].

Las páginas de *Delirio y destino* están salpicadas de metáforas musicales y de anotaciones sobre la música que emana de la ciudad: la «vitalidad sincopada» de los ritmos americanos que resuena en los cafés mezclada con los conmovedores tangos argentinos; las canciones y los aires populares del *Romancero gitano* de Federico García Lorca que todos cantan, en esos años en los que el arte de vanguardia admira y proyecta el arte popular; los conciertos dominicales de música clásica que se celebran en el cine

Monumental, cuando el público se encuentra en la «comunión de la música» [*ibidem,* 968]; y, en el apogeo de este *crescendo,* el grito de aclamación de la República, «una y mil veces repetido», «en tonos diferentes, en cien registros, como en un gigantesco y nunca oído órgano» [*ibidem,* 1046].

María Zambrano recuerda el glorioso día del 14 de abril de 1931, presente como estaba en la proclamación de la República en la Puerta del Sol de Madrid, como un intenso momento de alegría pública parecido a «un alumbramiento» [*Las palabras del regreso,* 2009:105-109]. Sin embargo, en los meses siguientes declina la propuesta de presentar su candidatura en las filas del Partido Socialista a las Cortes Constituyentes, y opta por dedicarse a la enseñanza de la filosofía. Sin embargo, sería un error interpretar este gesto como una retirada y una renuncia a la actividad política. De hecho, opina públicamente sobre la definición de las nuevas instituciones, participa en la campaña de los partidos republicanos y sigue de cerca los debates en las Cortes, especialmente en lo que respecta al sufragio universal y a los derechos de la mujer. Pero su pasión política no puede convertirse en una carrera profesional ni transformarse en un oficio. En cambio, de acuerdo con el objetivo de los «institucionalistas» de hacer crecer la conciencia nacional a través de la educación, se pone a disposición de las «Misiones Pedagógicas»: una iniciativa impulsada por el institucionalista Fernando de los Ríos, que dirige el Ministerio de Educación con el objetivo de difundir la cultura entre las poblaciones de las zonas rurales y montañosas, llevando a los pueblos remotos libros imprescindibles, obras de teatro, cine y reproducciones de obras de arte. Con algunos de los más brillantes exponentes de la Generación del 27 —Federico García Lorca, Luis Cernuda, Ramón Gaya, Eduardo Martínez Torner, María Moliner, Carmen Conde, entre otros—, Zambrano participa en expediciones por zonas aisladas de la península. En uno de sus escritos recuerda así la experiencia:

[A las] Misiones Pedagógicas [...] se iba sin interés ninguno, pero dándolo todo. Al misionero se le decía: «Se le dan únicamente las sandalias». Es decir: el medio más pobre de viajar. Íbamos en grupo de tres o de cuatro, provistos de lo necesario para viajar en tercera y a veces en burro mismo, subiendo y escalando montañas, hasta llegar a lugares que no tenían por qué ser tan pequeños ni abandonados; a veces grandes pueblos donde el libro no existía. [...] [Éramos] gente que sentíamos la patria como una poesía, como una inspiración, como un don del cielo. Gente que queríamos transformar el trabajo, y a veces lo lográbamos, en una poética, maravillosa y libre transformación [*Las palabras del regreso,* 2009:182-183].

La relación vinculante entre vida y política que experimenta Zambrano con intensidad durante los años de mayor activismo es el tema al que dedica su primer libro, *Horizonte del liberalismo,* publicado en 1930. Al comienzo, en una página titulada «Temas», la joven autora propone una serie de cuestiones preliminares:

> Subterráneamente, bajo los pensamientos que aquí se exponen, vibran unas cuantas preguntas, única realidad, tal vez, de todo ello [...] ¿Qué es la política? ¿De qué raíz emana? ¿Qué significa la política frente a la vida: la sigue, o la detiene? ¿La afirma o la niega? [...] ¿Qué papel tiene la política en los distintos modos que existen de enfrentarse a la vida? [*Horizonte del liberalismo,* 2015:57].

Notable, en este párrafo, la intención de reconducir la política a la vida, de explorar su origen y sus fundamentos en las capas de la vida que permanecen impensadas o, en cualquier caso, no tratadas políticamente. Zambrano precisa que este es el contenido «real» del libro: un contenido que trasciende la ideología y prefigura una alternativa radical, una nueva política. Nos invita, por tanto, a examinar la política más allá de los términos en los que normalmente la pensamos, desde una perspectiva que, con Roberto Esposito, podríamos definir como «impolítica»: no

como una teoría, ni como un procedimiento norma-
tivo o una solución para gobernar, ni siquiera como
sistema legislativo, sino como actividad vital. Al respecto, Zambrano distingue entre la política nacida
del objetivo de controlar y gestionar la vida —la
aspiración a una vida, «concebida por un cerebro
humano, una vida racional, racionalizada» [*ibidem,*
61]— y la política que, más bien, imita el movimiento de la vida que, en todas sus manifestaciones,
es metamorfosis y transformación; una política, por
tanto, que se inspira «elásticamente» [*ibidem*] en la
vida y que en esta cualidad de elasticidad descubre
la posibilidad de darle forma sin anquilosarse de los
parámetros de una racionalidad ajena y paralizante.

A raíz de estas reflexiones, María Zambrano re-
formula la diferencia entre política conservadora y
política revolucionaria, y evita el enfrentamiento
entre los dos modelos hegemónicos que competían
en el escenario mundial por aquel entonces: el liberalismo capitalista y el socialismo soviético. Una
política auténticamente revolucionaria, argumenta,
se caracteriza por un carácter dinámico: es la que ad-
mite la necesidad de un cambio perenne, la fugaci-
dad de sus formas, su «accidentalidad», y no busca la
confirmación definitiva de sus doctrinas y visiones,
porque más bien cree en la vida y en el «humilde
y poderoso factor del tiempo» [*ibidem,* 65]. Por el

contrario, cualquier política basada en concepciones estáticas que pretendan definir de una vez por todas las leyes y principios de la vida en común es conservadora: «El conservador vive en el ensueño de convertir la política en física; la historia humana en […] astronomía. […] Es el mineralizador de la historia» [*ibidem*]. La cualidad revolucionaria de la política no debe confundirse con el desencadenamiento efectivo de la revolución. De hecho, la experiencia enseña que las revoluciones, después de una «repentina catástrofe», casi inevitablemente sufren una involución y se resuelven en la rígida estructura del régimen. La política traiciona entonces su vocación dinámica. Desde esta perspectiva, Zambrano sostiene el carácter reaccionario del comunismo soviético, por su esquematismo doctrinal e «inquisitorial» [*ibidem,* 94] y por su pretensión de considerarse «no ya un mundo, sino el mejor —el único— de los mundos» [*ibidem,* 64]. La política auténticamente revolucionaria presupone, por el contrario, la revolución de manera continua y diaria: «De un modo continuo, de cada día, de cada hora» [*ibidem,* 71]. Por otro lado, Zambrano también denuncia la monstruosidad del capitalismo y su contradicción con los principios ideales del liberalismo. En el plano social, económico y político, el liberalismo es un régimen donde la afirmación ideal de la dignidad de todos los seres humanos —«la aristocracia del hombre, de cada hombre»— es válida solo para una «vanguardia privilegiada», mientras que una «inmensa retaguardia seguía pegada a la tierra» [*ibidem,* 80]. Hay que admitir, por tanto, que la economía liberal contradice los principios morales del liberalismo, ya que provoca la aberración que es una «libertad diferenciadora, injusta, engendradora de dictaduras individuales, de miserias colectivas, explotación de la masa por el individual» [*ibidem,* 101]. El liberalismo, en última instancia, «se asienta sobre la esclavitud» [*ibidem,* 80]. La joven filósofa considera que esta paradoja no permite maniobras correctoras. Como veremos mejor en los próximos capítulos, la posibilidad de pensar un nuevo horizonte político pasa por una reformulación filosófica del «individuo hombre».

III. Con figura y vida propia

María Zambrano pertenece al círculo de jóvenes españolas emancipadas que irrumpe en la escena social a principios del siglo XX, las llamadas «modernas de Madrid». Con otras jóvenes de su generación —entre ellas sus amigas: las escritoras Rosa Chacel, Concha Méndez y María Teresa León, y la pintora de vanguardia Maruja Mallo— rompe moldes y se adentra en territorios que antes habían estado reservados exclusivamente a los hombres: los estudios universitarios, en primer lugar, a los que las mujeres españolas pueden acceder solo desde 1910; pero también las tertulias, los cafés, el ámbito de la política. Son los tiempos en los que, como escribió María Teresa León [1982:360], «la subversión y la burla corren por las calles». Es posible que, a veces, María también participe en las incursiones transgresoras por el paseo de la Castellana, donde las jóvenes tienen la costumbre de salir con la cabeza descubierta (el «sinsombrerismo»), que provoca murmullos y desaprobación entre las personas de bien. El cigarrillo metido en la larga boquilla que ostentará incluso a avanzada edad casi parece un emblema, un obstinado signo distintivo de su generación que subvierte profundamente las costumbres. Es también relevante su frecuentación de los lugares emblemáticos del feminismo madrileño: la Residencia de Señoritas, dirigida por la feminista María de Maeztu y organizada según el modelo de los estadounidenses Colleges for Women, donde imparte cursos de iniciación a la filosofía, y el Lyceum Club, el primer club de mujeres de la ciudad, centro de actividades y propuestas culturales innovadoras.

En 1928, nada más licenciarse, María Zambrano escribe la columna «Mujeres» en la sección «Al Aire Libre de la Nueva Generación» del periódico madrileño *El Liberal,* donde publica sus primeros artículos. La visita a Madrid de *miss* Margaret Bonfield, alcaldesa de Liverpool, le ofrece la oportunidad de escribir en la columna citada: «El tema de la mujer política, de la que en España tenemos ausencia casi absoluta». Pero junto a este retraso, la joven activista también registra las transformaciones que se están produciendo. Observa a las mujeres que abandonan el tradicional rol doméstico y «las antiguas armas que fueron su "grandeza y servidumbre"», y compiten en la esfera pública con «potencia intelectual» y «dotes organizadoras». No se le escapa el carácter revolucionario de este cambio, que implica una auténtica revolución ontológica, además de política:

La mujer camina en su evolución, adquiere personalidad día por día; lucha y se esfuerza, aborda de frente los problemas, da la cara a la vida. Frente a este cambio femenino, el hombre se aterra y añora melancólicamente los tiempos en que ellas no tenían más ideal que atender a sus exigencias exóticas y domésticas. En algunos tipos exaltados el asombro se torna en reacción aguda de odio y rencor; su dignidad de gallo no puede permitir que la mujer —una mujer— no agote su existencia en la servidumbre de sus deseos. Es la cosa que se nos hace de pronto persona [«Mujeres»].

Evocando con admiración a activistas inglesas como Emmeline Pankhurst o Josephine Butler, Zambrano subraya también los límites del sufragismo que se concentra sobre todo en la cuestión legislativa, mientras la esclavitud femenina «trunca sus raíces en los cimientos de un orden social y económico» [*ibidem*]. La conquista de la emancipación por parte de las mujeres de clase alta no acaba de satisfacer las inquietudes de la filósofa, a quien le preocupa la brecha que ve abrirse entre las jóvenes universitarias de Madrid o de Barcelona —entre las que se incluye— y «la esclavitud efectiva de una parte de sus compañeras de sexo». Dedica una atención participativa al universo femenino opinando que su valor no deba ser medido con el metro que valora su asimilación al mundo masculino: «Por eso nunca diremos que la mujer tenga que igualarse al hombre; en ocasiones sería al revés» [*ibidem*]. Dedica artículos a las campesinas de los pueblos de Castilla, a «esta femineidad que ha creado hogares [...] alegres, confortables, despertadores de energía», al drama de las madres trabajadoras, obligadas a abandonar a los hijos para acudir al trabajo en las fábricas o en el campo; frente a ello, «es algo aristocrático la situación de la mujer que puede quedarse en su casa... la mujer que tiene ya un orbe proprio, unas prerrogativas y una dignidad; una cultura en suma» [*ibidem*]. Se dirige, en definitiva, a las trabajadoras, olvidadas en los programas políticos de los sindicatos y de los partidos de izquierda, que ella reconoce como potenciales compañeras de lucha:

Recientemente *La Gaceta Literaria* publicó uno de sus magníficos números dedicado a los obreros... Mas ¿y las obreras? ¿Dónde están? La mujer sigue ausente, al parecer, de su puesto personal como clase y como sexo. Es triste que no aparezca más que como ornato, presa y adorno; como una bandera más en las amadas procesiones cívicas. ¿Cuándo va a decir la mujer obrera su palabra? Nosotras, las burguesas que no nos conformamos con serlo, queremos ir a su encuentro, vamos a ir [*ibidem*].

Ese mismo año, Zambrano se dedica a tal propósito y organiza una de las iniciativas públicas de la Liga de Educación Social en la fábrica de tabaco. Pero su atención e interés por las figuras femeninas «comunes», es decir, aquellas sin reconocimiento público, también se refleja a nivel filosófico. Sus obras están salpicadas de jóvenes sacrificadas, mendigas, sirvientas, nodrizas, criadas; como Nina, la protagonista de la novela *Misericordia* de Benito Pérez Galdós: «La protagonista que apenas lo parece […] la anónima, casi nadie» [*La España de Galdós,* 2022:520]; una mujer que sirve realizando «innumerables trabajos sin nombre» que no equivalen a «un oficio, una profesión reconocida, una carta de ciudadanía» [*ibidem,* 560]. Son apariciones inusuales en la tradición filosófica, en la que normalmente no se incluyen excepto en términos negativos, como paradigmas de la ignorancia femenina, y para reiterar la separación entre la sabiduría del filósofo y la necedad de la gente común, principalmente de las mujeres [cfr. Blumenberg, *La risa de la muchacha tracia*].

Para María Zambrano, sin embargo, estas mujeres social y culturalmente marginadas son «gnoselógicamente privilegiadas» [García Marruz 2004:15] porque su conocimiento surge de su sufrir los destinos del mundo. Paradigmática es su personalización del África natal de san Agustín como «la vieja nodriza de piel obscura» que alimentó al padre de la Iglesia con su sabiduría «humilde y antigua», y gracias a la cual ese conocimiento antiguo penetró en el mundo cristiano clásico, que enseña a buscar la verdad en lo más profundo del corazón [*La agonía de Europa,* 2016:374]. Desde esta perspectiva, también podemos apreciar *La tumba de Antígona,* en la que Zambrano reescribe el final de la tragedia de Sófocles, para ofrecer a la protagonista la oportunidad de articular en palabras su incipiente conciencia. En la reinterpretación de María Zambrano, Antígona es una adolescente exiliada, inconsciente de su destino y víctima de guerras y luchas masculinas por el poder que, sin embargo, al desobedecer al tirano Creonte, da pie a una conciencia política sin precedentes, una posibilidad de pensar la ley de la ciudad y la familia fuera de la lógica patriarcal.

El gesto subversivo de Zambrano al otorgar autoridad y dignidad filosófica a estas figuras femeninas antiheroicas, que no aceptan la etiqueta de «mujeres excepcionales», nos da la medida de la radicalidad con la que aborda la cuestión de la relación entre el género femenino y la cultura. Zambrano no se limita a denunciar la ausencia de las mujeres y a reivindicar, por tanto, que puedan tener acceso a la educación y al conocimiento. El problema que evidencia es que el sistema del saber (filosofía, historia, ciencias humanas, economía, política) se formó sin contar con las mujeres y, de hecho, precisamente sobre la base de su exclusión. En consecuencia, la llamada «cuestión femenina» no concierne solo al género femenino, sino que también exige repensar los fundamentos de la cultura. En una conferencia pronunciada el 1 de marzo de 1940 en la Universidad de Puerto Rico, declara:

> No es que el tema de la mujer nos interese más que ningún otro, sino que es la situación de la mujer que lleva consigo y no puede desprenderse de la del hombre en su aspecto más esencial, en el creador y en el íntimo. O, mejor dicho, hablar de la situación de la mujer en cualquier época supone hablar de una de las capas más profundas, de los estratos más decisivos en la marcha de una cultura [«La mujer en la cultura medieval», 1940:278].

Zambrano denuncia lúcidamente el poder masculino que se perpetúa en los paradigmas que históricamente sirvieron para definir el ser humano y para afirmarlo como sujeto de su historia; razón, lengua, derecho y justicia son términos aparentemente neutros y universales, pero reflejan la dominación masculina: «La virilidad, sobre todo en ciertas épocas, […] no se ha definido como poder sexual, sino como justicia y razón, es decir como objetividad» [*ibidem*, 367]. De aquí deriva la posición «desterrada» de las mujeres, que acaban incluidas y excluidas de lo «humano» al mismo tiempo:

«Lo humano» es el contenido de la definición del hombre, y la mujer quedaba siempre en los límites, desterrada y […] rechazada, infinitamente temible. Solo en su dependencia del varón su vida cobraba ser y sentido; mas en cuanto asomaba en ella el conato del propio destino, quedaba convertida en un extraño ser sin sede posible [«Eloísa o la existencia de la mujer», *Nacer por sí misma*, 1996:94].

Esta es la razón por la que en el edificio de la cultura las mujeres no tienen «una sede», lo que quiere decir que su experiencia no tiene dónde expresarse, y su saber —como otros saberes no hegemónicos— no encuentra «hueco alguno donde alojarse en el edificio del más alto de los saberes, del que confiere rango y jerarquía, lugar adecuado a las realidades para que se manifiesten y operen» [*El hombre y lo divino*, 2022:225].

De esta situación se derivan dos consecuencias, delineadas claramente por Zambrano: la primera es el extrañamiento (y, a menudo, la hostilidad) de las mujeres hacia la historia y la cultura (o al menos de la historia y de la cultura hegemónicas). Mientras el hombre se representa a sí mismo como acción y razón y se reconoce en los hechos y progresos de la civilización, la mujer no puede cristalizar en ellos. Por ello nunca aparece como protagonista —«no llega nunca a ser el sujeto, el sujeto por quien se manifiesta el espíritu, el sujeto verdadero de la historia» [«La mujer en la historia», 1938, inédito]—. La segunda consecuencia es que la mujer que, ocasionalmente, rompe la barrera y encuentra la manera de expresarse en la esfera pública experimenta lo difícil que le resultará ser reconocida en toda su subjetividad e individualidad, es decir «a la manera masculina, con figura y vida propia» [*Nacer por sí misma*, 1996:100]. Se la considera como una expresión del género femenino o, por el contrario, como una virago, alguien que ha traicionado su feminidad. Como joven pionera en el campo de la cultura, Zambrano conoce bien las paradojas a las que están destinadas las mujeres tras la emancipación. A las reivindicaciones del «feminismo moderno» objeta que las mujeres corren el riesgo de verse frente a la disyuntiva entre «una desdichada maternidad y un banal intento de independencia» [*ibidem*, 99]. Por su parte, aspira a una libertad de orden simbólico —moral, cultural y político— que dé plena expansión a la subjetividad femenina: no apunta tanto al acceso de las mujeres a los lugares de poder, sino a que sean libres para determinar sus derechos, su existencia y la representación de sí mismas. El problema a partir del cual desarrolla su reflexión —y que ya estaba *in nuce* en sus angustias infantiles, como hemos visto— tiene que ver con la posibilidad de que una mujer sea reconocida como «sujeto» sin tener que identificarse con lo masculino. Paradigmática, desde este punto de vista, es la pregunta que le hace a su amigo Gustavo Pittaluga, en su reseña del libro *Grandeza y servidumbre de la mujer*:

¿Puede la mujer ser «individuo» en la medida en que lo es el hombre? ¿Puede tener una vocación además de la vocación genérica sin contradecirla? [...] ¿Puede unir en su ser la vocación de la Mujer como una de esas vocaciones que han absorbido y hecho la grandeza de algunos hombres: Filosofía, Poesía, Ciencia, es decir, puede crear la Mujer sin dejar de serlo? [«A propósito de "Grandeza y servidumbre de la mujer"», 1999:148].

Estas preguntas subyacen en el ensayo «Eloísa o la existencia de la mujer», en el que Zambrano relee la historia de amor entre el filósofo Pedro Abelardo y su joven alumna, Eloísa. Nacida a finales del siglo XI, Eloísa era sobrina de un canónigo de Notre Dame, famosa por su gran erudición literaria y filosófica y su capacidad de disertación. Siendo todavía una adolescente, su tío nombró tutor de Eloísa a Abelardo, un filósofo y teólogo de gran personalidad, que había conseguido muy joven una cátedra en Notre Dame y libraba acaloradas batallas por la renovación del conocimiento y de las instituciones. Entre ambos nació un amor arrollador, que tuvo un epílogo trágico. El embarazo de Eloísa puso fin a la clandestinidad y su tío, el canónigo, exigió furiosamente una boda que limpiara la honra. Sin embargo, Eloísa se opuso con todas sus fuerzas al matrimonio, en el que veía un yugo humillante, la sanción de la propiedad de uno de los cónyuges sobre el otro y la derogación de la libertad mutua. Le escribió a Abelardo que le parecía «más dulce el nombre de "amiga"» [cfr. *Más amarga que la muerte,* 2025:44]. A instancias de Abelardo, finalmente accedió a entrar en el convento, desde donde escribió un potentísimo epistolario, que manifiesta su extraordinaria personalidad.

En el relato, Zambrano resalta el valor político de un tema aparentemente privado: el de la amistad intelectual entre hombres y mujeres. El amor de Eloísa por Abelardo es revolucionario precisamente porque tiene los rasgos de una alianza inédita basada en la igualdad: Eloísa «no es la mujer especie, fatalidad y condena de la inocencia del hombre, sino su amiga, su aliada, casi su cómplice» [*Nacer por sí misma,* 1996:103]. El ideal senequista de amistad que ella defiende requiere que el hombre piense en la mujer como igual en diversidad, a su nivel, ciudadana del mismo mundo. En este sentido, Eloísa es una figura pionera para Zambrano, que abre la puerta a una nueva manera de ser mujer «sumamente fascinante e infinitamente noble», superando los dos modelos contrapuestos del imaginario masculino en la Edad Media: la «eterna Eva», enemiga del reino de los dioses y de las ideas, hechicera, peligrosa seductora, causante de la perdición del hombre; o Beatriz, la «dama», figura inspiradora del amor cortés, mero «símbolo del querer masculino» [*ibidem,* 99]:

> El varón medieval al crear la «imagen sagrada» de la mujer se preserva de ella [...] la confina y la mantiene en todo el esplendor de tal manera que la antigua resistencia se convierte en instrumento de su querer [...]. La mujer real que era el soporte de la dama tenía unas virtudes muy simples que cumplir: tan solo no desmentir la imagen con su realidad [...]. En suma, permanecer quieta. La quietud ha sido la exigencia que el varón ha ejercido sobre la mujer en su activa vida [*ibidem,* 99-100].

Eloísa llevó a término la empresa de escapar de esta imagen sagrada, librarse «de la pasividad de la mujer», «se atrevió a existir» [*ibidem,* 100]. María Zambrano, siglos después, reconoce que camina por el sendero desbrozado con la empresa de la joven Eloísa: incluso el ser Zambrano una mujer filósofa es una de esas empresas que «conquistan un modo de ser» [*ibidem,* 95].

IV. Nacida en la guerra, no era de guerra

Conocida la noticia de la insurrección de una parte del ejército contra el Gobierno legítimo en julio de 1936, María Zambrano se alinea sin dudarlo del lado de la República y se alista en el Batallón de Acero, desde donde escribe como corresponsal para *Mono Azul,* la revista editada por la Alianza de Intelectuales Antifascistas. En octubre parte hacia Chile con el hombre con el que se ha casado recientemente, Alfonso Rodríguez Aldave, que ha sido nombrado secretario de la embajada española. Sigue a distancia los acontecimientos de la guerra y escribe sobre ellos en revistas chilenas y españolas. En junio de 1937, las noticias negativas que recibe del frente la animan a regresar. Repetirá en más de una ocasión que la decisión se tomó precisamente porque la guerra ya estaba perdida. Alfonso se alista en el ejército y ella se incorpora al Gobierno republicano que se ha retirado a Valencia, en el que ocupa el cargo de consejera de

Propaganda y consejera nacional de la Infancia Evacuada, y pasa a formar parte del consejo editorial de
Hora de España. Vale la pena dedicar algunas palabras
a esta última empresa, porque testimonia el deseo de
participar en la guerra sin ceder completamente a la
lógica de las armas y de la supremacía. Revista de
poesía y literatura, *Hora de España* fue creada, en el
frente de guerra, por un grupo de los que habían sido
misioneros pedagógicos: Antonio Sánchez Barbudo,
Manuel Altolaguirre, Rafael Dieste, Juan Gil-Albert,
Ramón Gaya. Mensualmente se imprimían aproxi-
madamente cinco mil ejemplares que se distribuían
gratuitamente en el frente y entre la población civil.
Zambrano observa que la revista constituía una presencia singular en el contexto del conflicto bélico:
«Nacida en la guerra, no era de guerra» [*Los intelectuales en el drama de España,* 1998:277]. El «Propósito» firmado por los editores al inicio del primer número expresa de hecho el deseo de distinguirse de las
publicaciones propagandísticas que aparecen en toda
guerra: «Diarios, proclamas, carteles y hojas volade-
ras que día por día flotan en las ciudades […] publicaciones que son, en cierto modo, artículos de primera necesidad, platos fuertes [que] se expresan en
tonos agudos y gestos crispados» [«Propósito», *Hora
de España* 1, p. 5]. Las páginas de la revista albergaban
principalmente ensayos sobre poesía, filosofía, arte,

literatura y notas dedicadas a la reseña de libros, conferencias, obras de teatro o cine; los comentarios políticos y de actualidad o noticias del frente ocupaban poco espacio. Su vocación política, por tanto, no se expresaba tanto en la propaganda de ideas, sino en la decisión de mantener un espacio abierto para la palabra «en estado de libertad» contra el absoluto de la propaganda:

> Renacía la fe en la palabra [...]. Y se la sentía y se la amaba como a un ser, a un ser en trance de vida y muerte, que puede ser herido. Y su limitación dolía como la del hombre mismo en cuyo pecho anida [*Los intelectuales en el drama de España,* 1998:283].

La palabra, por tanto, es considerada a la par de las víctimas de la guerra, y como tal se le ofrece un refugio, un amparo. Es, al mismo tiempo, un artículo de primera necesidad que debe difundirse entre el pueblo beligerante y hambriento, con «el más hondo empeño de que el pensamiento fuera alimento» [*ibidem,* 284].

La posición adoptada en la Guerra Civil le supuso a María Zambrano una ruptura dolorosa con muchos de los intelectuales liberales que habían sido referentes para ella y su generación y que ante el conflicto asumieron una posición de neutralidad «alegando su condición superastral de pensadores o artistas, como si la condición humana pudiera eludirse» [*ibidem,* 112]. Muchos de ellos, tras la victoria de las tropas franquistas, acaban apoyando más o menos abiertamente el franquismo, y Ortega, que inicialmente firmó el manifiesto de la Asociación de Escritores Antifascistas que le presentó Zambrano, luego se retractó declarando que lo firmó bajo extorsión. La ruptura con el maestro y con los intelectuales «que callaron» es un punto de no retorno para Zambrano, tanto es así que, pasados más de cincuenta años, afirma sentirse más cerca de los jóvenes españoles que se sumaron a las organizaciones de derechas como Falange que a los neutrales:

> Nuestros jóvenes, aun cuando alguno de ellos fuese a parar al falangismo, tienen que tener por mi parte cierta simpatía porque no se atrincheraron en la barrera, porque se echaron a torear [...]. Ellos, no. Ellos no se sentían sacrificados [...]. Para ellos, se diría que todo era espectáculo: estaban sentados, aunque no fueran a los toros, siempre en la barrera. A salvo, viendo [*Las palabras del regreso,* 2009:32].

Desde Chile, y luego desde la retaguardia cerca del frente, Zambrano escribe numerosos artículos en los que reflexiona sobre la decisión de afiliarse a un bando en el conflicto. No se trata de una posición partidista, ni es solo la constatación de que, en tiempos de guerra, «la neutralidad es también un partido» [*Los intelectuales en el drama de España*, 1998:214]. Lo que la anima es la creencia de que, para poder desempeñar dignamente su tarea, un pensador debe estar presente en el corazón de su tiempo y afrontar las circunstancias. Ante la dramática llamada de la realidad, para ella no hay pureza posible y de nada sirve el imperativo categórico kantiano: la moral consiste en dar un paso adelante, en «dar la cara».

Además, cree que la guerra en España manifiesta, de manera llamativa, una crisis latente de la conciencia europea. Observa con preocupación la poca o nula resistencia a la penetración del fascismo en la cultura y en los valores del continente, casi como si se produjera una falla en el sistema inmunitario. Y esto la lleva a formular el inquietante diagnóstico de que el fascismo en sí no constituye una pérdida de la razón, sino que manifiesta una patología congénita, que tiene sus raíces en el idealismo europeo, en la presunción de poder dominar la vida mediante el pensamiento y la voluntad. Por este motivo, está convencida de que para poder comprender la «profunda razón de ser» de los acontecimientos que conmocionan a Europa —hechos hasta ahora impensables y que, sin embargo, «demuestran su carácter de suprema realidad»— es necesario abandonar la «comodidad del racionalismo burgués» y entrar «en esas zonas insondables de lo irracional» [*ibidem,* 137] donde es posible captar el resentimiento, la frustración, pero también la esperanza y la resistencia. Un nuevo horizonte político no puede surgir, en su opinión, de los descoloridos argumentos de la razón o de los desacreditados imperativos de la moral —no, por tanto, de la «reforma de la inteligencia» que predica Ortega—, sino solo de la «pasión de la inteligencia que vive bajo el imperio de la necesidad». La guerra de España parece suponer, en este sentido, un paso crucial, la oportunidad de reconducir la delirante razón de omnipotencia a un necesario acto de humildad. En su «Testimonio» para la revista personalista *Esprit,* escribe:

> Muchas veces he pensado que el vivir en España en los primeros momentos de nuestra guerra hubiera sido necesario para las almas mejores, para los entendimientos más sedientos de verdad. A una experiencia así es difícil sustituirla, pues echa por tierra muchos conceptos, los rebasaba, como sucede con toda experiencia creadora, revolucionaria; lo que habíamos pensado apenas nos sirve si no es por contraste. Por eso hay que decir acto de fe, milagro, con plena responsabilidad [*ibidem,* 216].

Con el paso de los años, Zambrano declara que la experiencia de la guerra sigue pareciéndole digna de ser «sostenida» y transmitida. La ocasión para hacerlo es la reedición del volumen *Los intelectuales y el drama de España*, publicado originalmente en 1937 y que recoge los artículos escritos durante el conflicto. La nueva edición, ampliada y acompañada con un prólogo titulado «La experiencia de la historia. (Después de entonces)», vio la luz en 1977, muerto Franco, cuando España afrontaba la difícil transición a la democracia. Instaron a la publicación unos jóvenes españoles de la generación nacida bajo la dictadura, que acuden casi en peregrinación a su «ermita» de La Pièce para conocerla y pedirle que hable de los acontecimientos de la Segunda República y la Guerra Civil; acontecimientos silenciados o tergiversados por la historiografía del régimen reinante y que por tanto ellos ignoran, al no haber participado, aunque sienten el peso del pasado. Zambrano declara su emoción ante la desorientación y el «descorazonamiento» de esos jóvenes que le parecen investidos —como el ángel de la Historia de Benjamin— de los «amorfos materiales» que les lanza a la cara la historia pasada, e incapaces de encontrar en ellos «el orden del que padece[n] hambre y sed» [*Los intelectuales en el drama de España*, 1998:77]. Lo que la lleva a desenterrar sus recuerdos no es, por tanto, pasar cuentas, ni la pretensión de afirmar una versión supuestamente imparcial u objetiva de los acontecimientos —siempre controvertidos— de la Guerra Civil: es más bien un acto de responsabilidad política encaminado a buscar en aquel pasado las semillas que puedan germinar en la imaginación política del futuro y alimentarla. No pretende, pues, un relato exhaustivo o «correcto» de los hechos, en el que inevitablemente se pierde la realidad histórica de lo vivido, al haberse convertido en objeto de estudio o en una narración:

> La conciencia suele deslizarse por un tiempo plano, allanador de sucesos, desconocedor de la multiplicidad que el tiempo despliega en la vida humana. Es necesario que deje intacta la semilla de vida germinante siempre visible o escondidamente, que respete lo escondido y no pretenda imponer la claridad —la racionalista *clarté*— que tantas realidades luminosas oculta [*ibidem*, 80].

Zambrano reivindica una experiencia alimentada por la esperanza. Aunque se perdiera la guerra, y por mucho que ella sepa que, desde el punto de vista del pensamiento calculador, había sido una empresa destinada al fracaso, ello no la induce a renegar de ella, pues considera que su significado escapa a la lógica de la victoria y la derrota.

> Mas la esperanza de ganar la guerra ¿podía acaso existir? Cuando como tal esperanza o fe se formulaba, era como

una envoltura transparente de la esperanza verdadera que no estaba depositada en la victoria de las armas, sino en la existencia misma de aquel claro en el bosque para que la aurora del hombre asomara. La guerra, perdida de un principio, solo servía para dejar una señal en la verdadera historia del hombre [*ibidem*, 286].

Desde este punto de vista, la «inocencia» con la que los jóvenes, los intelectuales y el pueblo se lanzaron a defender la República no debe confundirse con la ingenuidad, porque «en la inocencia no existe cálculo»: «la conciencia deja entonces de discernir como hace de continuo», y cuando despierta conduce a una «absoluta entrega». Para Zambrano, comprender plenamente ese gesto implica recordar la fe que lo inspiró, ya que la experiencia de una revolución puede transmitirse «solo reencendiéndose en una fe inicial». La filósofa exiliada se distancia así de muchos que, tras la derrota, se apresuraron a negar su participación en la guerra, a justificarla como fruto de una ingenuidad juvenil, y se refugiaron tras la pantalla de un supuesto realismo político sin más sueños, legitimándolo como fruto de la experiencia adulta y consciente:

Se incurre en creer comúnmente, como poso del pensamiento más alto, que el desengaño sea el fruto de la experiencia.

Debilidad del amor es más bien cuando no ve instaurado —sino por el contrario vencido— lo que fue su objeto. Y achicado se retira, queriendo borrar sus huellas. Y así a las épocas de fe revolucionaria, según se denominan, en que se revela el «sueño creador», decimos nosotros, suceden momentos históricos de falsa y apresurada «experiencia», en los que el palpitar de la fe se anonada. Y aquellos mismos cuya fe entonces tan naturalmente ardía la descalifican como delirio, o como el haber sido «arrastrados» por las circunstancias y quieren disculparse y más gravemente aún justificarse ellos, en vez de afanarse en descubrir esa unión irrenunciable, aunque totalmente nunca se logre, de la fe y de la razón a la que todo ser humano está propuesto. Y que el hombre ha de nacer haciéndose él mismo, humanizando su historia [*ibidem*, 80].

En Zambrano, pues, el compromiso asumido y proclamado durante la guerra se prolonga en una fidelidad intelectual que conserva su memoria y la «sostiene» en el tiempo. Pues la «revelación» que es propia de las épocas revolucionarias y que se da como absoluta se hace historia solo cuando el ser humano vive en su nombre y la defiende «en tiempos de ocultación»; así manifiesta su poder iluminador: «El vacío, el desierto, la nada, cobran entonces sentido» [*ibidem*, 86].

V. En la inmensidad del exilio

El 29 de enero de 1939, María Zambrano cruza la frontera con la columna de refugiados republicanos «bajo un cielo impenetrable, sintiendo que la tierra nos abandonaba, ya que no podía seguirnos» [*Los intelectuales en el drama de España,* 1998:275]. Es el comienzo de un exilio que durará más de cuarenta y cinco años, de un vagar ininterrumpido. De Francia a México, luego a Cuba, Puerto Rico, Francia, Italia y Suiza, Zambrano avanza «de destierro en destierro» [*Los bienaventurados,* 2016:37] como si evitara ser seducida por una nueva patria. Vive en extrema precariedad, tanto económica como jurídica. En Cuba y Puerto Rico sobrevive en gran medida gracias a la solidaridad de algunas amigas (Lydia Cabrera, Josefina Tarafa, Elsa Fano) que le proporcionan algunos trabajos en la enseñanza y artículos de primera necesidad para enviárselos a su madre en Francia. Después de regresar a Europa, en Roma, se ve obligada a renovar cada año el permiso de residencia, y busca apoyo en la amistad inquebrantable y fiel de Elena Croce. Elena tiene que interceder ante las autoridades cuando, en 1963, María recibe una orden de expulsión de la policía, con la surrealista motivación de que los numerosos gatos a los que ella y Araceli dan cobijo perturban el barrio: una acusación que oculta la persistente persecución política que sufre por parte de la embajada de España. Incluso en La Pièce vive en la extrema pobreza con el poco dinero que obtiene de sus escritos y algunas becas ocasionales, y a menudo tiene que someterse a la humillación de pedir dinero prestado, como se lee en su correspondencia. «Mi historia no es sino la historia de una mendiga», escribe en un texto publicado póstumo [«La mendiga», *Obras completas,* VI, 2014:351-352].

Pero, para ella, la experiencia del exilio trasciende la precariedad legal o económica, por apremiante que sea, y muestra su lado positivo; es una condición liminal en la que la realidad humana se le revela en su calidad más auténtica. Por ello, cuando volvió a su patria, declaró: «Amo mi exilio».

Hay ciertos viajes de los que solo a la vuelta se comienza a saber. Para mí, desde esa mirada del regreso, el exilio que me ha tocado vivir es esencial. Yo no concibo mi vida sin el exilio que he vivido. El exilio ha sido como mi patria, o como una dimensión de una patria desconocida, pero que una vez que se conoce, es irrenunciable. Confieso […] que me ha costado mucho trabajo renunciar a mis cuarenta años de exilio, mucho trabajo, tanto que […] de vez en cuando me duele […]. Creo que el exilio es una dimensión esencial de la vida humana, pero al decirlo me quemo los labios, porque yo querría que no volviese a haber exiliados, sino que todos fueran seres humanos y a la par cósmicos, que no se conociera el exilio. Es una contradicción, qué le voy a hacer; amo mi exilio, será porque […] lo acepté; y cuando se acepta algo de corazón, porque sí, cuesta mucho trabajo renunciar a ello [*Las palabras del regreso,* 2009:66].

En la experiencia vital de Zambrano, el exilio aparece como una vivencia mística de progresiva disminución del yo. Así lo describe la pensadora en «Carta sobre el exilio», donde pone de manifiesto la prevalencia —en ella, pero también en buena parte de los exiliados— de una actitud no reivindicativa: la renuncia a recurrir a la justificación y a la afirmación de las propias razones —la «vía triunfal, esa por donde desfilan los justificados que así se separan del resto de los mortales» [«Carta sobre el exilio», 1961:65]— para acallar cualquier pretensión de existir:

Irse despojando de sinrazones y hasta de razones, de voluntad y de proyectos. Ir despojándose cada vez más de todo eso para quedarse desnudo y desencarnado; tan solo y hundido en sí mismo y al par a la intemperie, como uno que está naciendo; naciendo y muriendo al mismo tiempo, mientras sigue la vida [*ibidem*].

Se trata de una posición extrema que la autora resume en el término «desnacerse»: casi un abandonar la propia existencia, una huida del impulso de existir y expandirse propio de todo lo que nace. Lejos de cristalizar en una figura heroica, María Zambrano se reconoce en los idiotas representados en los cuadros de Velázquez, en el «Bobo de Coria» o en el «Niño de Vallecas»: figuras sin identidad y sin lugar en el mundo «ni geográfico, ni social, ni político ni [...] ontológico» [*Los bienaventurados,* 2016:36], y que constituyen, por tanto, «la presencia viva de un enigma». La «Carta sobre el exilio» denuncia la ambivalencia de esta condición y la violencia de las reacciones que suscita entre quienes no la han vivido, los asentados:

Pues que el exiliado —de tanto tiempo ya— se ha ido encontrando entre los más diversos planos de la vida histórica, subhistórica y privada. Ha conocido todo: desde el ser considerado como héroe, un héroe superviviente, hasta el desprecio con que ciertas conciencias reaccionan ante la presencia viva de un enigma; desde la hostilidad declarada hasta la adhesión, esa con que algunas conciencias se sienten rescatadas y que envuelve naturalmente la exigencia de que siga así siempre, como se pide al que nos salva de algo. Un héroe, o sea un ser incomprensible y despreciable —para no haberlo de comprender—, un salvador… Y en medio y alrededor todos los grados de la curiosidad, de la simpatía, de la indiferencia, del recelo. Pocas situaciones hay como la del exilio para que se presenten como en un rito iniciático las pruebas de la condición humana. Tal si se estuviese cumpliendo la iniciación de ser hombre [«Carta sobre el exilio», 1961:65].

Escrita en Roma en 1961, la carta es también un *j'accuse* dirigido a los opositores al régimen que se quedaron en España. La autora denuncia el olvido, el descuido o, peor aún, la incomprensión y la hostilidad hacia los exiliados republicanos: se pretendía que fueran borrados de la historia patria, de la memoria colectiva y del horizonte político. En las noticias que le llegan desde su tierra natal, Zambrano aprecia, de hecho, un alarmante punto de inflexión: coincidiendo con la aparición en la «vida pública potencial» de una nueva generación que reclama protagonismo, se afianza la idea de que el destino del país deben decidirlo los que están «dentro», y la actitud hacia los que tuvieron que huir se vuelve más áspera. Si en el primer periodo de consolidación del franquismo la presencia ideal de los exiliados se manifestaba en el reconocimiento de su estatus y por tanto del exilio como lugar político, los años siguientes marcan una negación del exilio, que pierde su significado político para convertirse en un espacio casi inarticulado, carente de significado:

En ese momento —digo—, que se puede señalar como el que fue nombrado *fin de l'espoir,* se nos llamaba o se nos echaba de menos. Ahora, en realidad, se nos llama ante todo a salir del exilio hasta el punto de casi ignorarlo, olvidarlo o desconocerlo. Ahora ya ni siquiera estamos en el exilio: estamos, debemos de estar «por ahí», no se sabe en qué lugar [*ibidem*, 69].

En las llamadas para que volviera a España, incluso en las lanzadas en tono amistoso, Zambrano intuye la exigencia latente a que el exiliado abandone el «lugar imposible», que desista de ser exiliado, que acepte «des-exiliarse»:

Pero ahora ya apenas al exiliado se le pregunta nada. Desde los más diversos y aun encontrados lugares surge una voz que con diversos tonos, según el sentir que la inspire, le dice simplemente: ¿qué haces todavía ahí, qué estás haciendo? Lo que tendrías que hacer es volver. Es decir: sal de ahí, de ese imposible lugar donde estás, y vuelve. Y claro está que lo más importante en el ánimo de quienes lo dicen, tan

unánimemente, debe de ser, lo primero, que deje el exiliado el lugar donde está: que deje de ser exiliado. Y para ello,
el único camino es volver a su patria: des-exiliarse. Sí, no es
juego de palabras: des-exiliarse, que no es lo mismo que si
simplemente nos dijeran «vuelvan» o «vengan». Y más todavía si nos llamaran por nuestro nombre. Me refiero, naturalmente, a los que están allí, en España [*ibidem*, 67-68].

La razón profunda de la hostilidad, sugiere Zambrano en este pasaje, no es tanto la lucha por el poder
—que, por otra parte, en los años sesenta, todavía
controlaba firmemente el dictador— sino más bien
una reacción inmunitaria contra una presencia-
ausencia, la del exiliado, que genera un problema. El
exiliado es, de hecho, una figura vagante entre fron-
teras, su fuerza perturbadora va incluso más allá de
la que tiene el extranjero ya que deteriora aún más
el límite entre el interior y el exterior y cuestiona,
con su sola presencia, a la comunidad asentada. La
extrañeza del exiliado está inequívocamente ligada a
su pertenencia, y por ello actúa como espejo: «Aquel
que lo vea acaba viéndose, lo que tan imposible resulta en su casa, en su propia casa, en su propia geo-
grafía e historia, verse en sus raíces sin haberse des-
prendido de ellas» [*Los bienaventurados*, 2016:33]. En
consecuencia, se convierte en el blanco de todas las
actitudes posibles encaminadas a exorcizar su poder

perturbador. El papel del héroe, del salvador o, en el otro extremo, del ser abyecto y despreciable del que está investido tienen la función propia de la máscara que hace de pantalla: «Máscaras inventadas por algún conflicto de conciencia, por algún inconfesado remordimiento o por algún pánico de los que acometen al que no ha perdido su herencia, al que tiene un "estar"» [«Carta sobre el exilio», 1961:65].

El exiliado, por su parte, se encuentra «habiendo de vivir sin poder acabar de estar», relegado «en un lugar que ni lo envuelve ni lo sostiene» [*ibidem*, 69]. Sobre este punto, las palabras de Zambrano recuerdan los análisis de Hannah Arendt que, en *Los orígenes del totalitarismo,* examina la condición de apátrida como la de un ser no contemplado por ley alguna, desprovisto del reconocimiento político que también parece garantizar la calidad humana, y por tanto se vuelve superfluo: el apátrida, que para Arendt es «escoria de la tierra», para Zambrano es el resto de un naufragio, «un extraño ser salvado de algún naufragio o superviviente de alguna isla sumergida: algo que el abismo de la muerte se ha negado a tragar y la vida lleva y sostiene» [*ibidem*]. La hostilidad que recibe, latente o patente, se disfraza incluso de bienvenida y generosidad. Zambrano se centra en esta estrategia inmunitaria en un poderoso pasaje de *La tumba de Antígona:*

Ninguna ciudad ha nacido como un árbol. Todas han sido fundadas por alguien que viene de lejos. Un rey quizá, un rey-mendigo arrojado de su patria y que ninguna otra patria quiere, como iba mi padre conducido por mis ojos, que miraban y miraban sin descubrir la ciudad del destino, donde estaba nuestro hueco esperándonos. Y yo sabía ya, al entrar en una ciudad, por muy piadosos que fueran sus habitantes, por muy benévola la sonrisa de su rey, sabía yo bien que no nos darían la llave de nuestra casa. Nunca nadie se acercó diciéndonos: «esta es la llave de vuestra casa, no tenéis más que entrar». Hubo gentes que nos abrieron su puerta y nos sentaron a su mesa, y nos ofrecieron agasajo, y aún más. Éramos huéspedes, invitados. Ni siquiera fuimos acogidos en ninguna de ellas como lo que éramos, mendigos, náufragos que la tempestad arroja a una playa como un desecho, que es a la vez un tesoro. Nadie quiso saber qué íbamos pidiendo. Creían que íbamos pidiendo porque nos daban muchas cosas, nos colmaban de dones, nos cubrían, como para no vernos, con su generosidad. Pero nosotros no pedíamos eso, pedíamos que nos dejaran dar. Porque llevábamos algo que allí, allá, donde fuera, no tenían; algo que no tienen los habitantes de ninguna ciudad, los establecidos; algo que solamente tiene el que ha sido arrancado de raíz, el errante, el que se encuentra un día sin nada bajo el cielo y sin tierra; el que ha sentido el peso del cielo sin tierra que lo sostenga [*La tumba de Antígona*, 2022:1165].

La reflexión sobre el exilio madura en las décadas de 1970 y 1980 y queda resumida en unas páginas de *Los bienaventurados,* publicado póstumo. Echada atrás la vista, la anciana pensadora explica el significado del «don» del exilio cuando este se vive plenamente, se verifica. Es decir, cuando se trata de exilio propiamente dicho. De hecho, Zambrano sugiere que el exilio es una conquista, más que una condición simplemente sufrida, y en este sentido distingue entre los términos que reflejan diferentes grados o pasajes de la experiencia del exilio. El término «refugiado» refleja el primer paso, en el que predomina la sensación de ser acogido: el alivio de encontrar refugio y el proyecto o sueño de iniciar una nueva vida. Solo en un segundo momento surge la conciencia del «desterrado»: la inexorable privación de la patria se hace punzante, junto con la percepción de la expulsión («destierro») en forma de separación, desarraigo y «distancia insalvable» de la tierra perdida. El exilio real comienza solo cuando la vida se asienta en el abandono y el «desamparo»; cuando se asume sin reservas el hecho de estar «a la intemperie» [«Carta sobre el exilio», 1961:69].

El exilio, de hecho, implica la pérdida de todo lo «propio» [*Los bienaventurados,* 2016:32]. Con este término, Zambrano no se refiere solo a la casa y a los bienes que el exiliado se ve obligado a abandonar, sino a los lugares familiares protectores, pues son los lugares de la mediación: «El firmamento, el horizonte familiar, la ciudad y aun el lugar en el que se habita son mediadores. La casa y los objetos tenidos por preciosos, todo lo que en ella se enciende, hasta la cólera del padre inmediato, si no se excede en autoridad» [*ibidem,* 39]. La expulsión de este mundo compartido lleva a la disolución del yo; ser exiliado es encontrarse desnudo, reducido a la pura vida, sin la protección de la comunidad, sin la seguridad que supone poder exhibir una identidad conocida, reconocida y compartida: un apellido, una profesión, un número de identificación.

En la experiencia vivida por Zambrano, esta situación infligida pero plenamente asumida se convierte en una condición permanente que no está destinada a ser superada dialécticamente. A diferencia de muchos expatriados que viven devorados por la nostalgia o inmersos en la ilusión del regreso, ella decide vivir plenamente la condición de desnudez y vulnerabilidad (el «desamparo») propia del exilio. Y este exilio aceptado y consumado le da la posibilidad de comprender y experimentar la esencia de la condición humana y de la convivencia, más allá de los roles sociales y las máscaras del poder. En la «inmensidad del exilio» se abre para ella una nueva visión de la patria más allá del sentido de propiedad, caracterizada por la ausencia de fundamento y por la gratuidad. La «patria verdadera», aquella en la que el ser humano puede desenvolverse con todas sus cualidades, se reconoce «por crear el exilio»: «Es su signo inequívoco. Crea el exilio de aquellos que, por haberla visto y servido aun mínimamente, han de irse de ella» [*ibidem,* 43].

VI. La esperanza europea

Desde el continente americano donde encuentra asilo en los primeros años de exilio, María Zambrano sigue con angustia el destino de una Europa devastada por el totalitarismo y la guerra. Una vez más responde al compromiso y a la responsabilidad de pensar en el corazón de lo que sucede en su tiempo y, en poco tiempo, publica cuatro ensayos en la revista *Sur* de Buenos Aires: «La agonía de Europa» (1940), «La violencia europea» (1941), «La esperanza europea» (1942) y «La destrucción de las formas» (1944).

En estos escritos, Zambrano reflexiona política y filosóficamente sobre la profunda crisis en curso, pero se distancia del catastrofismo y las posiciones derrotistas que circulaban entre los intelectuales europeos: «Desde hace bastante años se repite: "Europa está en decadencia" [...] un secreto tan divulgado que hasta resulta elegante y misericordioso tratar de encubrir», escribe irónicamente en la «Advertencia» que abre el volumen *La agonía de Europa* [2016:333]. La idea de que Europa estuviera moribunda, no solo a nivel político sino sobre todo a nivel moral y cultural, se había convertido en un lugar común al acabar la Gran Guerra, como relata Zambrano en *Persona y democracia,* recordando la enorme difusión de *La decadencia de Occidente* de Oswald Spengler: un título convertido en un «dogma», un «eslogan», que entró en circulación «como una moneda asequible a todos» [*Persona y democracia,* 2022:393]. Zambrano cuestiona esta actitud de «mortal desgana» que, lejos de actuar para evitar la catástrofe, fue a su encuentro. Por su parte, al pensar en el núcleo central de la catástrofe, busca signos de un posible renacimiento, convencida de que en todo atardecer es posible vislumbrar un amanecer. Si es cierto, de hecho, que «en una crisis algo muere» [*ibidem,* 394], en ella reconoce Zambrano la posibilidad de una visión más amplia y profunda donde se intuyan motivos para la esperanza.

Lo que Zambrano presenta no es un análisis desapasionado de las causas y efectos económicos y políticos de la crisis: este enfoque no le corresponde, ya que solo confirma la sentencia final. La suya ni siquiera es una reflexión ética sobre lo que es o debería ser Europa; no nos proporciona una definición de Europa en términos de identidad ni una descripción de sus rasgos culturales característicos o de sus valores fundacionales. Con un sorprendente cambio de perspectiva, nos invita a reflexionar hasta qué punto todavía nos sentimos parte de esa «tradición que llamamos Europa»: «Ir a descubrir qué haya sido en verdad Europa no es para nosotros más que ir a descubrir lo que de ella nos resulta irrenunciable» [*La agonía de Europa*, 2016:346-347]. El objeto de la investigación es una especie de raíz que nos une al suelo que nos alimentó y que, ante el peligro de que desaparezca, nos revela en nuestra esencia más íntima. Nosotros somos responsables de las raíces recibidas como un don:

> Y esto consustancial, esencia de nuestra propia vida que no nos pertenece, es irrenunciable; hemos de transmitirlo como nos lo transmitieron. De no hacerlo así, sentiríamos el horror de que la continuidad de algo que viene desde muy atrás se ha quebrado precisamente en nosotros [*ibidem,* 343].

Vale la pena insistir en que el legado de Europa no consiste en una identidad sustancial, compuesta por rasgos culturales; no es sino «el testimonio de nuestra filiación, de nuestra dependencia y de nuestra lealtad» [*ibidem*]. Por ello, buscar lo que fueron «sus ejes, sus principios, el armazón que ha hecho posible su crecimiento y plenitud» [*ibidem, 347*] es al mismo tiempo una búsqueda sobre nosotros mismos: «Se trata de explicarnos, de aclararnos lo que seguimos sintiendo vivo, aunque nos digan que ha muerto o está en trance de morir» [*ibidem*]. Animada por esta «lealtad filial», Zambrano indaga la agonía de Europa con el propósito de encontrar el principio de su posible resurrección.

Sin embargo, su reflexión es implacable y nada benevolente. La violencia en Europa, en su opinión, no es solo episódica, sino constitutiva de su ser. Es una violencia «de raíz, de principio»: «Europa se había constituido en la violencia, en una violencia que abarca toda posible manifestación» [*ibidem, 350*]. Zambrano remonta esta constante violenta al culto del Dios del Antiguo Testamento, origen de la cultura occidental: un dios independiente, omnipotente y solitario, «que ha sacado el mundo desde la nada» [*ibidem*]. A partir del modelo que supone esta divinidad, el hombre occidental ha modelado su propia imagen y su propio ser, siguiendo la promesa de la serpiente del *Génesis:* «Seréis como dioses». Por tanto, fundó su propia historia, su mundo, a partir de la soledad en la que había caído tras abandonar el paraíso terrenal, primer acto de su rebelión. Y a través del culto a la creación se ha «endiosado», se ha empoderado cada vez más «frenéticamente».

Esta afirmación de la voluntad creadora es la actitud propia del idealismo que, según Zambrano, marca la historia europea. También en este caso, Zambrano se refiere a un idealismo «de base y raíz», que precede al idealismo histórico-filosófico decimonónico y que, a su juicio, rige la vida del hombre europeo y constituye su «íntimo sostén» [*ibidem,* 375]; un idealismo que se hace explícito en la actitud de «vivir proyectando, creyendo más en la realidad del proyecto que en la visible» [*ibidem, 376*]:

> Este hombre occidental, idealista, vive de la voluntad, es la voluntad la que le ha llevado a serlo y por esto hasta su pensamiento es una actuación, vive actuando, y la razón, el racionalismo no es sino el supuesto de que la realidad, el mundo puede ser modificable, modificable por su acción, se entiende. Es un idealismo voluntarista, activista, que sueña con someter la realidad entera a su órbita. Es la raíz guerrera de toda la cultura occidental [«La mujer en la cultura medieval», 1940:367].

La violencia histórica es una manifestación fundamental de este idealismo sustancial: desde las cruzadas hasta los últimos conatos de revoluciones, la historia europea la mueven las utopías «por grandes, imposibles», con una ciudad ideal siempre en el horizonte. Y esto es lo que la ha hecho «tan

sangrienta y sembrada de catástrofes, tan inquieta»
[*ibidem*, 377].

Pero si, por un lado, el continuo sucederse de te-
rribles revoluciones es señal de un mal endémico,
por el otro, Zambrano afirma que dichos intentos
fallidos son conmovedores porque llevan impresa la
marca de quienes se han arriesgado, se han ofrecido,
movidos por la esperanza de proporcionar la felici-
dad en la tierra.

> En toda lucha europea hay alguien que ha ido a ella lan-
> zado por esta imposible esperanza, en defensa de la ciudad
> invisible, que ha hecho levantarse a las visibles. Que siem-
> pre en el fondo intricado de la pesadilla y en la terrible
> tensión entre los dos mundos se encuentra vivo todavía el
> anhelo del reino de Dios en la tierra, por cuya sola ima-
> gen Europa se ha encendido de nostalgia y de esperanza, en
> busca de su permanente utopía [*ibidem*, 378].

Refiriéndose a Hegel en *Lecciones sobre la Filosofía
de la Historia Universal,* Zambrano afirma que «en
el rostro más desfigurado cabe aún rastrear lo humano» [*ibidem*, 377]; así, aunque los resultados de
las grandes construcciones utópicas y revolucionarias parezcan «bien tristes si se las mira sin dejarse
deslumbrar por su gloria» [*ibidem*, 376], merecen
atención porque demuestran la apertura al más allá,

que es constitutiva de la libertad humana y de su proceder a través de intentos, tropiezos, sueños, transformaciones. Para Zambrano, como veremos en los próximos capítulos, esta apertura que genera la tensión nunca acallada hacia el más allá es una dimensión inevitable, ligada a la libertad humana y a su carácter abierto, indefinido. Y esta apertura siempre se ve traicionada —a menudo en la involución de un proceso revolucionario— cuando la política se hace intransigente y se encierra en una visión que absolutiza lo existente. El absolutismo, según Zambrano, es la fuente de la «estructura sacrificial» de la historia [*Persona y democracia,* 2022:434-444]. De hecho, donde surge un absoluto, se crea también una víctima y la estructura idólatra de los regímenes políticos y sociales presupone siempre el sacrificio.

Desde este punto de vista, las diferentes formas de absolutismo —incluida su versión más exasperada que se manifiesta en el totalitarismo del siglo xx— no pueden considerarse la realización de la utopía revolucionaria constitutiva de la historia europea, a pesar de la violencia que no deja de ser una constante. Constituyen, más bien, una «caricatura de su íntima esperanza» y una «traición», pues anulan la distancia «entre las dos ciudades, la de Dios siempre en el horizonte, y la de la tierra, siempre en edificación […] entre el hombre concreto y el siempre naciente "hombre nuevo"» [*La agonía de Europa*, 2016:378]. Por tanto, lejos de ser despliegue de idealismo, el totalitarismo manifiesta más bien su decadencia, el agotamiento de las energías y la consiguiente incapacidad para sostener la tensión entre dos mundos:

> Enfermedad que, bajo la aparente energía, oculta la desgana, la fatiga de seguir viviendo en tensión, en la tensión idealista del habitante de dos mundos [...]. Cansancio de la lucidez y del amor a lo imposible y abandono del saber más peculiar del hombre europeo: el saber vivir en el fracaso [*ibidem*].

Saber vivir en el fracaso significa mantener la conciencia de la distancia insalvable que hay entre lo ideal y lo real, de que nada humano puede lograrse de manera absoluta. La ilusión de una realización definitiva, del fin de la historia, de la perfección en la tierra, traiciona la libertad constitutiva del ser humano, que tiene sus raíces en el estar en continua transformación, abierto a la esperanza.

La esperanza, en la visión antropológica y política de María Zambrano, representa la dimensión distintiva y constitutiva de la existencia humana, «la sustancia de nuestra vida, su fondo último». En la esperanza, que «anida obscuramente» dentro del ser humano, se manifiesta y se realiza al mismo tiempo su ser libre: «Decir esperanza es decir libertad» [*Persona y democracia,* 2022:419]. En consecuencia, la inhibición de la esperanza, que no suele contemplarse en los análisis políticos y ni siquiera en la teoría psicoanalítica, es de hecho la acción más atroz, el desencadenante de una auténtica deshumanización a nivel personal y político:

> Mucho se ha hablado y estudiado la inhibición a partir de Freud y de su escuela psicoanalítica [...]. Nadie ha hablado de la inhibición de la esperanza. Del no atreverse a esperar, de retener este íntimo movimiento de la vida humana que es como la respiración profunda de la persona. El descubrir esta inhibición llevaría a explicarse muy fácilmente fenómenos históricos que aparecen desprovistos de sentido, a diagnosticar determinadas situaciones confusas y complicadas; pues al fin, la esperanza inhibida de algún modo alcanza a liberarse. Y entonces se enreda, aparece confundida, a veces irreconocible, y es lo que daría el patrón para juzgar ciertos regímenes políticos, ciertas estructuras sociales y económicas, que inhiben y sofocan a los que bajo ellas viven, a fuerza de no ofrecer esperanza: es lo que los califica de inhumanos o deshumanizados [*Persona y democracia,* 2022:421].

Mientras Europa ha caído presa de un régimen deshumanizador que destruye la libertad en un frenesí de dominio total, Zambrano considera que cultivar la esperanza no es una manifestación de ingenuidad o de escapismo, sino un gesto profundamente político. En esto comparte la visión del Ernst Bloch que, en su monumental *El principio esperanza,* afirma, en aquellos mismos años, el poder revolucionario de la esperanza y la necesidad de apoyar su acción expansiva y creativa para contrarrestar los efectos paralizantes del miedo y el terror. En tiempos dominados por la confusión y la angustia, cuando «el suelo tiembla», Zambrano y Bloch insisten en la necesidad de apoyar «el trabajo de la esperanza» [Bloch 2013].

Recorrer la historia de Europa para buscar los elementos que mantengan una potencia germinativa y una visión de futuro es la manera que tiene Zambrano de apoyar el trabajo de la esperanza. Como hemos visto, se mantuvo fiel a este propósito en los años setenta cuando recordó la Segunda República y la Guerra Civil. Pero ya en 1940, en plena guerra europea, había escrito en Puerto Rico:

Y desde el fracaso de nuestro pasado de españoles, y desde la angustia de nuestro presente de europeos, nace, surgiendo por sí misma, en secreto, [...] la esperanza. La esperanza de un pasado mejor convertido en porvenir. La esperanza de que aquello que no fuimos, ni tuvimos, en el presente germine [*Isla de Puerto Rico,* 2016:42].

Relatar la esperanza es la única vía para que la historia mantenga su carácter humano, para que sea reconocida y transmitida, y no se convierta en un desierto.

> Lo que la historia tiene de promesa que, a pesar de todos los avatares, se va cumpliendo, es lo que le da su carácter de humana historia, lo que permite que sea contada. Una historia sin esperanza es inenarrable [*Los bienaventurados,* 2016:459-460].

Contra las tendencias catastrofistas y apocalípticas de su tiempo, y del nuestro, la pensadora exiliada recuerda la urgencia de una lectura de la historia y del presente capaz de iluminar el poder subversivo de la esperanza, en cuanto fuerza que sostiene la vida contra cualquier plan (bío-político y tanato-político) de control y anulación. No sorprende, por tanto, que su reflexión, a partir de la constatación de la agonía de Europa, concluya con un capítulo dedicado a «La esperanza europea». La esperanza, de hecho, se manifiesta sobre todo en sus atonías y aparece más viva que nunca en el fracaso o la derrota, porque tales episodios o estados negativos favorecen su manifestación como puro anhelo más allá de cualquier cálculo o plan utópico, como una apertura extática que siempre sobrepasa y, a menudo desmiente, el proyecto.

VII. Todo tiene un argumento, menos la libertad

María Zambrano, como hemos visto, luchó por la libertad. La libertad es el hilo conductor que la acompaña toda su vida y que inspira toda su obra. Pero no nos ofrece una teoría de la libertad, ya que está convencida de que la libertad no puede definirse si no es al precio de negarla. En un artículo de juventud, uno de los publicados en la columna «Mujeres» de *El Liberal,* escribe que «la libertad es algo que en sí mismo no tiene un sentido claro y definido, una sustantividad. Y de ella no podríamos hablar en abstracto, pues le presentarían sus pretensiones los más bajos impulsos de la conciencia humana. […] Todo tiene un argumento, menos la libertad» [«Mujeres»]. Muchos años después, en una carta a su amiga Elena Croce fechada el 9 de agosto de 1971, reiteraba su decepción ante cualquier teoría que pretenda definir la libertad como concepto: «De la libertad, ¿qué no se habrá dicho? […] Pero qué poco convincente resulta todo ello. Ahora, todo lo que oigo cerca de ella, sea pensado o gritado, me resulta extraño, enteco, misérrimo. ¡Cuánto grito sin esplendor!» [*Hasta pronto, pues, y hasta siempre,* 2020:223].

Zambrano marcó siempre así su distancia del liberalismo político, que define la libertad como un atributo o, peor aún, como una propiedad del individuo. En su primer libro, *Horizonte del liberalismo,* denuncia el carácter abstracto, y por tanto estéril, de este concepto, el de «individuo», en el que se basa la teoría liberal: la idea de un ser aislado, autónomo e íntegro (in-dividuo) es «una pura forma esquemática», un arquetipo, en el que «ningún hombre carnal vivo podría reconocerse» [*Horizonte del liberalismo,* 2015:85]. Tal abstracción manifiesta la filiación filosófica del liberalismo respecto del racionalismo, que concibe la razón incorpórea y suelta «las amarras» que la anclan al mundo, eludiendo así al hombre concreto, «en su verdadera y humilde humanidad» [*ibidem*].

El desarraigo, que Zambrano diagnostica como la enfermedad de la modernidad, surge del individualismo solipsista que «llevó al hombre a creer en sí mismo y lo llenó de dudas acerca de todo lo que no era él. Le inspiró la máxima confianza en sus fuerzas y lo dejó navegando solo y sin guía en su pobre cáscara de nuez» [*ibidem*, 88].

En su obra de madurez, María Zambrano ahonda en la distancia con la tradición filosófica de la modernidad que —desde la Ilustración al existencialismo— ha limitado la libertad a la esfera de la conciencia y la ha asimilado a la autonomía. Al tratar la libertad como un atributo del sujeto, estas corrientes han considerado la realidad en la que estamos inmersos solo un obstáculo y un límite. Para Zambrano, sin embargo, la libertad solo puede pensarse en relación con el mundo. Eludiendo el dualismo que nos lleva a considerar la libertad como un valor en sí mismo, o un derecho, y el estado de cosas como una necesidad ciega y obtusa, se centra en el vínculo ineludible entre libertad y necesidad y entre libertad y obediencia, porque solo en relación con la realidad la libertad encuentra sustancia y arraigo:

> Es la placenta del hombre con el mundo; y al mismo tiempo que sujeción, cable de energía y de gracia. Amarre y guía, ancla y estrella, cadena y escala luminosa, por donde nos baja en nuestro sueño la luz del mundo. Él nos proporciona un área segura en nuestra vida [...]. Y esa zona segura, esa tierra firme, es la que al individuo le permite ir y venir, y, cierto en su base, poder elegir; tener libertad, en suma [*ibidem*, 232].

El pensamiento de María Zambrano nos lleva así a contemplar la libertad como una paradoja, una de esas paradojas de las que se nutre la vida humana, y que le parecen más interesantes que las antinomias del pensamiento: «Y así vemos que en la raíz misma del problema de la libertad —que es del individuo y el mundo— encontramos la contradicción, la paradoja. En su origen, ya la libertad, para tener realidad, se limita, se niega a sí misma» [*ibidem*, 232].

Zambrano, en otras palabras, rechaza cualquier concepción ideológica de la libertad: la libertad no es un fin en sí misma, ni un concepto o argumento que pueda usarse a nivel meramente teórico; es una condición concreta, el prerrequisito necesario para toda acción humana que sea auténticamente política. De hecho, la libertad tiene un carácter intrínsecamente político y es «la raíz esencialmente democrática», ya que, repetimos, no es una cualidad del individuo, ni su derecho, sino una dimensión de la relación que se despliega solo en la convivencia.

Sin embargo, si, como hemos visto, Zambrano rechaza la concepción individualista de la política expresada por el liberalismo, por otra parte procura no subestimar el significado revolucionario de su mensaje original y más puro: la afirmación del valor de la persona más allá de su pertenencia social, «la aristocracia del hombre, de todo hombre, y no de una clase» [*Horizonte del liberalismo*, 2015:79].

Zambrano retoma esta idea ya expresada en el ensayo *Horizonte del liberalismo* en una obra política escrita en plena madurez, *Persona y democracia,* publicada en 1958. La noción de persona tiene una historia compleja que parte del teatro griego, pasa por el derecho romano y el cristianismo para llegar a la filosofía del personalismo filosófico de los años treinta. Sin entrar en la cuestión de cómo se relaciona Zambrano con esta tradición, nos interesa aquí su visión de la persona como categoría filosófico-política. En primer lugar, Zambrano distingue entre el concepto de persona y el de individuo. No defiende que sean opuestos, sino que sugiere una derivación conceptual que va en dirección a la superación: la persona presupone al individuo, pero lo trasciende, es «un más» [*Persona y democracia,* 2022:474]. La persona, en efecto, indica algo único y singular, un alguien o un «quien», mientras que el individuo del liberalismo tiene un carácter abstracto y por tanto también intercambiable, como si fuera un mero soporte de libertades y derechos.

Al mismo tiempo, sin embargo, la conquista de la noción de individualidad y del valor que corresponde a cada ser humano en cuanto tal representa un momento esencial de toma de conciencia en la historia de la civilización occidental, momento que según Zambrano debe ser reconocido y valorado. Su visión de la historia política está marcada decisivamente por los momentos en los que emerge —aunque solo sea a nivel teórico— el valor de «persona», más allá de sus connotaciones sociales, de identidad, culturales o incluso fisiológicas. En este aspecto, destaca la importancia de la polis griega, donde la convivencia se regula en virtud de la simple condición humana, aunque esté restringida a ciudadanos libres. No se le escapa el límite de la concepción griega de ciudadanía, una paradoja según la cual «la democracia, como concepto y como práctica, siempre se ha opuesto a una periferia no democrática, a un sustrato de personas excluidas que la apoyan materialmente y, por contraste, la definen» [Brown 2010:82]. Sin embargo, Zambrano subraya el aspecto inédito y grandioso de la polis: «Es la primera sociedad en la que el individuo ejerce una función» [*Persona y democracia,* 2022:451]. Al reconocer el individuo como sujeto político, la filósofa destaca un logro esencial frente a las sociedades organizadas por colectivos que son necesariamente jerárquicos y en las que el papel —y la identidad— de los componentes se define según baremos relacionados con el poder:

La polis es la superación y la integración de la familia, de la fratría —de la raza— [...]. La «fratría» contiene dentro de sí la tribu, y esta la familia… El individuo no es visible aún.

Es siempre un grupo, una sociedad. El jefe de cada una de ellas viene a ser como el eje o el centro [*ibidem*].

De este modo, Zambrano considera que la polis fue también el ambiente propicio donde, gracias a Sócrates, nació la reflexión sobre el hombre, y con ella la conciencia. Porque la conciencia, como decíamos al principio del capítulo, no es algo privado; nace con el diálogo y la discusión y, por lo tanto, también tiene un carácter inherentemente político. No hay conciencia individual sin conexión con la polis. Y esta es la razón por la que Sócrates prefirió morir antes que exiliarse:

Sócrates le debe a su ciudad el haber sido libre y por ello se siente indisolublemente ligado. Sabe que en ninguna otra parte tendrá sentido esta libertad. Y aún más: su palabra, su discurrir [...] la conciencia le muestra que ha existido por [la ciudad], que no podría existir fuera de ella [*ibidem*, 457].

Con estos apuntes, Zambrano aborda algunas objeciones a la teoría del contractualismo, fundamento de la concepción moderna del Estado. Según nuestra filósofa, el contractualismo provoca un malentendido cuando considera la sociedad como una suma de individuos y el Estado como resultado de un acuerdo entre individuos «como si el individuo hubiera existido siempre, en el mismo modo en que existe en el mundo occidental y en la época moderna» [*ibidem*, 449]. De este modo, «invierte el orden de las cosas» y abstrae al hombre de la sociedad para luego insertarlo [*ibidem*], como si pudieran considerarse separadamente. Pero el ser humano no puede sino aparecer y adquirir conciencia de sí mismo en, y a través de, la convivencia: el entorno del hombre es la sociedad, no la naturaleza, y el estado de naturaleza es una pura proyección imaginaria.

Sin embargo, Zambrano va más allá de la crítica y marca un punto de inflexión en su razonamiento, y sugiere que, más que un error, el contractualismo puede tomarse como un anacronismo: «En el fondo de este error anida una confusión entre el valor supremo del individuo y su primacía en el tiempo» [*ibidem*]. Por tanto, el contractualismo invierte los términos al proyectar, en el origen de la política, la conciencia y la elección individuales, que en cambio solo pueden concebirse como una conquista y el resultado de la política, del ejercicio de la política. Solo mediante el ejercicio de la política se puede expresar la singularidad y la unicidad de cada componente, y puede surgir la democracia.

Zambrano establece una relación de correspondencia «biunívoca» entre persona y democracia:

define la democracia como «la sociedad en la cual no solo es permitido, sino exigido, el ser persona» [*ibidem,* 474]. Esta frase nos dice, en primer lugar, que ser persona no es un hecho, precisamente porque la persona indica una subjetividad política y no un hecho natural. Podemos ignorar la persona, «dejarla inerte, como yaciente y dormida» [*ibidem,* 468]. La decisión de aceptarla implica un gesto de conciencia y responsabilidad hacia uno mismo y de las propias circunstancias (históricas, sociales, culturales). Al respecto, Zambrano recuerda frecuentemente la frase de Ortega [2004:757]: «Yo soy yo y mi circunstancia, y si no la salvo a ella no me salvo yo». Esta máxima, subraya, se opone al determinismo: no se puede pensar en el sujeto humano más que en relación con su propia circunstancia, pero no es un mero producto de ella. Su vocación es «salvar», a sí mismo, a su propia persona, a través de las circunstancias, y salvar significa alejarse del automatismo, transformar, dar sentido a la vida. Semejante toma de conciencia exige un distanciamiento relativo de la presión de la realidad, una inversión de la atención hacia la interioridad. En este sentido, Zambrano dice que la dimensión fundamental de la persona es la soledad. Sin embargo, no se debe confundir la soledad de la persona con el aislamiento del individuo. La soledad es un «espacio íntimo» que se abre «en la convivencia». Y este espacio-tiempo abierto es lo que permite el tener perspectiva de las cosas («el "no" y el "sí" ante lo que nos envuelve») y, en consecuencia, el pensamiento:

> Ser hombre es ser persona, y persona es soledad. Una soledad dentro de la convivencia. Y allá en ese fondo de la soledad en que vive cada hombre, se mira y se ve; luego se piensa [*Persona y democracia,* 2022:467].

Pensadas como subjetividades, las personas son seres singulares, irrepetibles, centros de formulación de significado y de una perspectiva única del mundo. Pero también son entidades abiertas, inéditas y en continuo desarrollo, ya que la persona no se constituye de una vez por todas, no tiene características ni valores fijos, sino que se manifiesta, se pone a prueba continuamente en su relación con su propia historia y con el mundo, cuando convive. El espacio apropiado para el desarrollo de la persona es la democracia: un modo de hacer política que presenta sus propias características de apertura y dinamismo.

Por ello, Zambrano sugiere que, si el régimen absolutista siempre ha encontrado su representación en las grandes construcciones (desde las pirámides hasta las catedrales y los palacios que demuestran poder), la democracia exige ser pensada en términos musicales, como una sinfonía:

> Es difícil que las gentes entiendan que un régimen no sea una especie de estructura fija, de «cosa», y que le exijan ante todo la quietud. Y aun que confundan esta quietud con el orden. La mente de la mayoría de las gentes es todavía estática y concibe la realidad como conjunto de cosas y la vida —aun la propia— como un conjunto de hechos, negándose a ver que los hechos son «momentos» de un interminable proceso, análogamente a como las llamadas cosas son, según la física moderna, haces de energía. [...] La confusión del orden con la quietud hunde sus raíces en un terror primario. Y es uno de los aspectos más peligrosos de ese estatismo que aún subsiste en la mente occidental. Pues no hay razón para que la imagen sea la de un edificio más que la de una sinfonía. El motivo de que para la mayoría de las gentes sea así puede ser quizá que el edificio está ahí de una vez por todas, mientras dura. Y la sinfonía hemos de escucharla, actualizarla cada vez; hemos de rehacerla en cierto modo, o sostener su hacerse: es una unidad, un orden que se hace ante nosotros y en nosotros. Nos exige participación. Hemos de entrar en él para recibirlo. El orden de la sociedad democrática está más cerca del orden musical que del orden arquitectónico. La historia comienza cuando se erige una construcción y, según dijimos, la imagen de la vida histórica hasta ahora

es la de algo que se edifica. La transformación que ha de verificarse quizá sea tal que algún día —felizmente— la imagen de la vida histórica, del quehacer histórico, provenga de la música; de este orden capaz de armonizar los elementos discordantes [*ibidem*, 499-501].

La metáfora musical alude a la pluralidad y el dinamismo de los componentes y las formas de la democracia, que se define, en el mismo contexto, como «el régimen de la unidad en la multiplicidad». Requiere «el reconocimiento [...] de todas las diversidades, de todas las diferencias de situación» [*ibidem*, 498], y por tanto también la conciencia de que estas diversidades están en continuo cambio y transformación. No consiste, por tanto, en la yuxtaposición de diferencias pensadas en términos estáticos e identitarios, como en muchas versiones del multiculturalismo liberal, sino en la capacidad de asumir la pluralidad dinámica, puntual y al mismo tiempo cambiante de los seres humanos en una comunidad que progresa y que debe liberarse siempre de un cercado institucional e identitario.

De este modo, la democracia propuesta por Zambrano aparece como una praxis, un ejercicio; no puede anclarse en un sistema perfecto, porque esto la convertiría inmediatamente en un régimen absoluto. Como escribió Carlo Galli [2011:37], «una democracia nunca es plena y, de hecho, siempre está en contradicción consigo misma; y por eso vive siempre en un cierto "malestar". […] La democracia se impone en su negación, en su deformación, en su tergiversación, en su caricatura, en su andar a tientas». Desde este punto de vista, el «malestar de la democracia», es decir, el hecho de que su realidad no se corresponde con el ideal, no solo no la contradice, sino que, por el contrario, la manifiesta como una realidad viva y, como todos los seres vivos, en movimiento, en transformación.

Pero la característica esencial de la democracia, sugerida también por la metáfora musical de Zambrano, es la participación: «La gran novedad del orden democrático es que ha de ser creado entre todos, sostenido entre todos» [*Persona y democracia,* 2022:500]. Solo a quienes participan desde dentro muestra su profunda razón de ser el aparente desorden de las sociedades democráticas, y se presenta entonces como una consecuencia necesaria y vital de la libertad y la convivencia: «El orden de algo que está en movimiento no se hace presente si no entramos en él […] solo se nos revela cuando a él nos incorporamos» [*ibidem*]. Por eso las personas hostiles a la democracia siempre la encuentran desordenada, en comparación con los regímenes de «orden y autoridad»:

Es simplemente que, al negarse a participar en su orden, confunden este orden viviente y fluido con el caos, como alguien cuyo oído no pudiera seguir el fluir de una melodía o la complejidad del contrapunto; alguien que quisiera encontrar el orden y la armonía en el sonido continuo de una nota [*ibidem*].

VIII. Adsum

Con su reflexión sobre la libertad, María Zambrano subvierte profundamente, hasta hurgar en el núcleo constitutivo, el legado filosófico de la modernidad en Occidente. Su propuesta opera un desplazamiento del ser humano al sacarlo de la posición de «sujeto», porque discute la presunción de autonomía, «atransparencia», propiedad de sí y dominio de las cosas. Su crítica al sujeto no se limita a consideraciones antropológicas, éticas o políticas, sino que implica la dimensión ontológica, es decir, la consideración del ser humano en su relación con el mundo. En este sentido, nuestra filósofa suele recurrir al título de un conocido volumen de Max Scheler para cuestionar el «puesto del hombre en el cosmos». Se trata de una reflexión urgente, ya que el daño de la modernidad parece provenir en gran medida de una brecha aparecida entre el yo y el mundo. La transición decisiva, a ojos de Zambrano, se produce con el racionalismo cartesiano y con la división entre *res cogitans* y *res extensa*. Se trata de un pasaje clave, pues marca el asentamiento del humano en la posición de sujeto, su identificación con la conciencia incorpórea y, al mismo tiempo, la reducción de la realidad que lo rodea a materia inerte que puede ser clasificada y dominada:

Y es que a partir del pensamiento cartesiano la conciencia ganó en claridad y nitidez y, al ensancharse, se apoderó del hombre todo. Y lo que iba quedándose fuera no eran cosas sino nada menos que la realidad, la realidad oscura y múltiple. Al reducirse el conocimiento a la razón solamente, se redujo también eso tan sagrado que es el contacto inicial del hombre con la realidad a un modo único: el de la conciencia. Quedaba la conciencia en su claridad lunar aislada hasta del proprio cuerpo donde por no se sabe qué azarosa contingencia venía a estar insertada. El hombre se tornaba en simple soporte del conocimiento racional, con todo lo que esto conlleva de extraordinario, pero la realidad en torno se iba estrechando a su compás; a medida que «el sujeto» se ampliaba, diríase que absorbiendo las funciones que el alma desempeñaba antes, la realidad se empequeñecía [*El hombre y lo divino*, 2022:219-220].

Zambrano denuncia que una consecuencia del racionalismo triunfante es la pérdida de la raíz telúrica que une al hombre con las demás criaturas. Ser de conciencia y de razón, el hombre moderno considera que solo otro hombre es semejante a él; sin embargo, el mecanismo de diferenciación es infinito, y deja espacio a todas las divisiones posibles incluso dentro del ser humano: diferencias de piel, de idioma, de clase, hasta el punto de que «apenas sabemos tratar sino con aquellos que son casi una reproducción de nosotros mismos»:

> El hombre moderno al asomarse al mundo va buscando un espejo que le devuelva su imagen y cuando no la encuentra se desconcierta y a menudo quiere romper el espejo [«Para una historia de la Piedad», 2005:106].

La incapacidad para relacionarse con los demás se da también en las patéticas apelaciones a la tolerancia, porque «tolerancia no es comprensión ni trato adecuado, sino mantener a distancia respetuosamente, eso sí, aquello con lo que no se sabe tratar» [*ibidem*]. Frente a esta deriva hacia el solipsismo individualista, Zambrano pretende recuperar la relación y aún más el diálogo del ser humano con los seres que lo rodean, con las llamadas «cosas»:

> Las cosas mudas, impenetrables, cargadas de mudez —no de silencio—, resistentes, han ido apareciendo ante el modo

de lenguaje que conocemos y que nos pre-existe [...]. Las cosas no aparecerían como tales «cosas» si al nombrarlas y referirnos a ellas esperáramos de ellas una respuesta [...] si el ser o aparecer como «cosas» no fuera el resultado de una condena que las vuelve disponibles para que nuestra mente las utilice [*Los bienaventurados,* 2016:437-438].

La sugerencia de esperar respuesta de las cosas presupone una subversión de la tradición filosófica, que basaba la separación entre el ser humano y el resto de los seres vivos y, más aún, de los no vivos en la posesión del logos. El hecho de que las cosas parezcan mudas, impenetrables, cargadas de mutismo, deriva del tipo de lenguaje con el que nos acercamos a ellas, de la cosificación llevada a cabo por el pensamiento y por el lenguaje guiado por la voluntad de dominar, o incluso simplemente por la necesidad de seguridad.

Visto así, se comprende el significado de la propuesta de «razón poética» que Zambrano persigue desde 1939 con *Filosofía y poesía.* La poesía le interesa porque la considera el género literario capaz de albergar realidades que no encuentran reconocimiento en las estructuras claras y distintas del pensamiento lógico filosófico:

La poesía ofrece asiento a todos los medios seres y conatos de ser; a todo aquello que no puede franquear el nivel que lleva a la realidad de la existencia o a la realidad del concepto [«Eloísa o la existencia de la mujer», *Nacer por sí misma,* 1996:92].

Frente a la lógica rigurosa y excluyente del filósofo, la actitud del poeta consiste en un acercamiento a la realidad marcada por la justicia de la caridad: «Ocasión tendida hacia lo que no logró ser para que al fin sea» [*Filosofía y poesía,* 2015:695]. La capacidad de la poesía para acoger la existencia de lo que no alcanza la realidad plena, reconocida, sancionada por las categorías del pensamiento racional y del conocimiento hegemónico, le asegura un patrimonio de realidad infinitamente más rico y variado que el contenido en las retículas del pensamiento filosófico: realidades en penumbra, ignoradas, marginadas, rechazadas.

> Porque cada ser lleva consigo como posibilidad una diversidad infinita con respecto a la cual lo que ahora es, es únicamente porque ha vencido de momento. Significa una injusticia y quizá una falacia. Una realidad es demasiado inagotable para que esté sometida a una justicia que no es sino violencia [*ibidem,* 770-771].

La presencia de la poesía en la escritura de María Zambrano no es una pura elección estilística y formal. Responde más bien a la necesidad de tener una relación no instrumental con el lenguaje, que refleja la atención a la realidad. La búsqueda de la razón poética señala un camino alternativo a la razón instrumental, funcional al dominio y la manipulación de las cosas, y pretende superar la división entre personas y cosas que marca la tradición filosófica, comprimiendo la experiencia humana en un «binomio excluyente» [Esposito 2014:ix].

> Porque a nada se llega por uno mismo. No solo no es posible poseerse a sí mismo, sino que tampoco se puede poseer ninguna cosa, por pequeña, minúscula, que sea su existencia. En cada creatura vulgar está el misterio de su ser y el de la creación entera [*Filosofía y poesía*, 2015:765].

María Zambrano pretende rescatar de las ruinas de la modernidad un sentimiento capaz de captar la realidad en toda su riqueza irreductible a las categorías de la razón instrumental; un sentimiento capaz de hacernos «entender» con las cosas en lugar de manejarlas. Pero no se limita a una nueva conceptualización teórica de sujeto y objeto, o incluso de la relación entre ellos. Como condición preliminar a esta reconsideración teórica, invita a un reposicionamiento activo, a establecer una «sede» diferente desde la que ponerse a pensar:

Pensar no es solo captar los objetos, las realidades que están frente al «sujeto» y a distancia. […] El pensar fija la sede del que piensa, lo adentra en sí mismo y en lo pensado. […] Y al entrar así al par en razón y en realidad, se recupera el sentido del semejante [*Delirio y destino*, 2014:907-908].

A partir de este reposicionamiento, Zambrano propone una ontología de la convivencia: el reconocimiento de la condición «criatural» que nos une a los seres que pueblan el universo, y nos entrega a la convivencia con ellos [De Luca y Laurenzi 2014]. La radicalidad y profundidad de este giro puede apreciarse en los escritos dedicados al tema de la piedad. Zambrano devuelve a la piedad su significado original de «matriz originaria de la vida del sentir», distinguiéndola de los sentimientos benévolos que son la simpatía o la ternura y que se ofrece, muchas veces superficialmente, a seres vivos diferentes a nosotros:

Mas la Piedad no es filantropía, ni la compasión por los animales y las plantas. Es algo más: es lo que permite que nos comuniquemos con ellos, en suma, el sentimiento difuso, gigantesco que nos sitúa entre todos los planos del ser, entre los diferentes seres de un modo adecuado. Piedad es saber tratar con lo diferente, con lo que es radicalmente otro que nosotros [«Para una historia de la Piedad», 2005:106].

La piedad, como la entiende Zambrano, no es por tanto *philia,* es «algo más», y este «más» tiene que ver con la posición que asume el humano ante lo que le rodea. La piedad concierne a la relación con el misterio que la contiene, con la realidad en sus infinitas dimensiones, que sobrepasan el alcance contenedor de la razón.

Sin embargo, la referencia a la piedad ni siquiera debe interpretarse como nostalgia de una fusión originaria e indistinta. La piedad emerge en la soledad de la persona que percibe la realidad y se percibe al mismo tiempo perteneciente y heterogénea a ella: «Piedad es sentimiento de la heterogeneidad del ser, de la cualidad del ser, y es anhelo por tanto de encontrar los tratos y modos de entenderse con cada una de esas maneras múltiples de realidad» [*ibidem,* 107].

La cuestión del «puesto del hombre en el cosmos» y de la relación entre lo humano y el mundo conduce, en el pensamiento de Zambrano, a una visión ontológica y política configurada en torno al tema del nacimiento y del carácter natal del ser humano. En contraste con la tradición filosófica occidental, que ha cifrado la finitud humana en la mortalidad [cfr. Cavarero 1990], María Zambrano nos invita a pensar la condición humana a partir del hecho de haber venido al mundo. El significado de esta expresión, «venir al mundo» o «salir a la luz», es abordado en *Delirio y destino,* que comienza con un capítulo con el emblemático título *«Adsum»* [*Delirio y destino,* 2014:847]. Entre los significados del verbo latino *adesse* encontramos: «llegar», «alcanzar», «presentarse», «aparecer», pero también «estar, encontrarse, estar presente o cerca de alguien», «presenciar algo, participar en ello» y, finalmente, «estar preparado». La expresión *«adsum»* indica, por tanto, un acto de presencia, una declaración de disponibilidad. Podríamos traducir el título zambraniano como «heme aquí, aquí estoy, estoy». De hecho, Zambrano define «el rito del nacimiento» como «presentación y ofrecimiento» [«Carta sobre el exilio», 1961:69]. Es un acontecimiento que nos entrega al mundo y que exige, por nuestra parte, una respuesta positiva: aparecer, dejarnos ver, ofrecernos, presentarnos ante nosotros mismos y ante los demás.

Nacer, por otro lado, revela la vulnerabilidad constitutiva de la criatura humana, debida no solo a su fragilidad física, a su condición de desamparo y a su dependencia de caricias y cuidados. Para Zambrano, la vulnerabilidad propiamente humana se refiere a nuestro venir al mundo en una condición esencial de inacabados, de enigma, de dependientes de la mirada ajena. El nacimiento humano propone un misterio: el ser naciente no sabe qué es ni exactamente quién es. Algo nuevo y desconocido sale a la luz, aparece, como un enigma. Y, al mismo tiempo, se inserta en un mundo, en un tejido de relaciones, en un contexto histórico y social, en una tradición que no domina y que no ha elegido. El nacimiento marca, por tanto, antes y más que la muerte, nuestra finitud; obliga al pensamiento a empezar a obrar a partir de sus raíces, de su ineludible condición de pertenencia, de su vulnerabilidad: de su no ser dueño de sí mismo. En el rechazo de esta condición de vulnerabilidad y dependencia, Zambrano reconoce el motivo oculto de la filosofía occidental que, desde el mito platónico de la caverna, ha tratado de representar un nuevo comienzo, un renacimiento, que conllevaría la liberación última y definitiva: el triunfo de la Razón, del Espíritu, de la libertad como absoluto. La modernidad saca a la palestra el desenlace más entusiasta de este deseo de suplantar el nacimiento, fabulando acerca de un sujeto soberano, invulnerable, contemplado en un estado de absoluta pureza.

A contracorriente de esta larga historia de represión, Zambrano invita a permanecer fieles al legado del nacimiento. Su propuesta ética y política, basada en la dimensión de la vulnerabilidad, anticipa la teorizada recientemente por Judith Butler, que propone fundar una política comunitaria y una ética de la convivencia sobre la base de la interdependencia entre los humanos y entre estos y los seres vivos, observando que somos «dependientes de un mundo ajeno» y, aunque seamos diferentes, «estamos vinculados entre sí y a procesos vitales que superan lo humano» [Butler 2017:166]. Para María Zambrano, el nacimiento significa, ante todo, un proceso abierto y nunca concluido. Precisamente por su carácter enigmático, el ser humano está destinado a prolongar su proceso, a permanecer en un estado de autogestación, de continuación indefinida del nacer («ir naciendo»). Esta disposición coincide con la libertad. Por tanto, la libertad, como ya hemos visto, no es dominio de sí, posesión y autodeterminación; tampoco debe confundirse con la posibilidad de empezar siempre desde cero. Pensarse a partir del nacimiento significa, por el contrario, inscribirse en un mundo y en una filiación. Y, en relación con lo que nos es dado (impuesto o donado), el nacimiento es a la vez pertenencia y ruptura; la trascendencia que el nacimiento lleva implícita solo puede realizarse y ocurrir en el mundo. La libertad está, por tanto, estrechamente relacionada con la responsabilidad hacia el mundo en común, hacia una pertenencia común: responsabilidad hacia algo que hemos heredado y ante lo que debemos responder, aunque no lo hayamos elegido.

Al insistir en el nacimiento, Zambrano también nos permite repensar la comunidad política, pues la aleja de los términos de las comunidades y de los colectivos, de las identidades y de las pertenencias. El reconocimiento de la comunidad no pasa por la subsunción de la identidad en el «nosotros», sino por la valoración de las singularidades, del «cada uno» y del «cada una». De hecho, al nacer uno se proyecta en una dimensión indistinta. Y cuando salimos de la indistinción, ejerciendo la distancia de la mirada, poco a poco, de la indistinción original pasamos a una pluralidad de particularidades, ya que experimentamos nuestro estar separados y, al mismo tiempo, el estar «en analogía» con otros que, como nosotros, son «alguien»: «otros "uno", como nosotros». «La pérdida de esta conciencia de ser análogamente, de ser una unidad en un medio donde existen otros, comporta la locura» [*Persona y democracia,* 2022:386].

Precisamente esta experiencia de la convivencia y de la analogía entre seres distintos nos permite entrar en contacto con el «uno» o la «una» que somos. En otras palabras, el misterio de nuestra singularidad, de «quiénes» somos, se desvela en las relaciones con los demás.

La actualidad plena de lo que somos únicamente es posible a la vista de otra cosa, de otra presencia, de otro ser que tenga la virtud de ponernos en ejercicio [*Filosofía y poesía,* 2015:765].

Esta es la razón de que la relación con nuestro yo sea siempre una relación «arrojada», siempre por pensar. La autenticidad de nuestra persona, lo que subyace a las máscaras sociales —la persona que escapa al «personaje» que la fagocita, «alimentado a su costa» [*Delirio y destino,* 2014:859]—, no es la coincidencia consigo mismo de un yo autónomo, transparente, dueño de sí mismo. Nacemos en el «con» de la «con-vivencia» que nos constituye en una paradójica expropiación, y la vida es continua tensión y oscilación entre el yo siempre en gestación (el devenir naciendo de la persona) y la circunstancia en la que venimos al mundo: un devenir mientras nos «acercamos» al devenir de otros, en una pluralidad de la que somos parte.

En conclusión, a través de la referencia al nacimiento, María Zambrano nos hace pensar en la vulnerabilidad de un yo que nunca es transparente a sí mismo. La radicalidad de su enfoque socava la idea de autodeterminación, autonomía, independencia y se centra en la fragilidad y dependencia de un sujeto que es impensable como íntegro porque está entregado a la mirada del otro. Pensarnos como nacidos significa asumir nuestra vulnerabilidad antes que la del otro, y pensar la vulnerabilidad del otro en términos de una apertura que nos interpela. La relación primaria del ser humano con el cosmos se presenta como una exposición y una entrega a la aún borrosa convivencia. La luz que proyecta el misterio del nacimiento nos exige reflexionar sobre el camino que debemos afrontar para destacar en nuestra singularidad —siempre confusa, precaria, vulnerable— y sobre cómo esta es la condición para reconocer y afrontar la singularidad —que también es vulnerable, pero a la vez poderosa— de los seres que nos rodean.

Bibliografía

Textos y obras de María Zambrano (en orden cronológico)

«Mujeres», *El Liberal,* Madrid, julio-noviembre de 1928. Los artículos se encuentran reproducidos en J. C. Marset, «Los artículos de María Zambrano en *Aire Libre*», en aa. vv., *Actas del II Congreso Internacional sobre la Vida y la Obra de María Zambrano,* Fundación María Zambrano, Vélez-Málaga, 1998, pp. 493-518.

Horizonte del liberalismo [1930], Ediciones Morata, Madrid, 1996. En *Obras completas,* I, J. Moreno Sanz (dir.), Galaxia Gutenberg, Barcelona, 2015, pp. 51-104.

Los intelectuales en el drama de España, Santiago de Chile, Panorama, 1937. Las citas se toman de *Los intelectuales en el drama de España y escritos de la guerra civil,* Trotta, Madrid, 1998, edición que integra la obra original con los escritos sobre la guerra y de época de la guerra publicados después. Una selección diferente, al cuidado de María Zambrano y titulada *Senderos* (Antrophos, Barcelona, 1986), se incluye en *Obras completas,* IV.1, J. Moreno Sanz (dir.), Galaxia Gutenberg, Barcelona, 2018, pp. 375-562.

Pensamiento y poesía en la vida española, La Casa de España, México, 1939. En *Obras completas,* I [2015].

Filosofía y poesía, Publicaciones de la Universidad Michoacana, Morelia (México), 1939. En *Obras completas,* I [2015:676-777].

Isla de Puerto Rico. Nostalgia y esperanza de un mundo mejor, La Verónica, La Habana, 1940. En *Obras completas,* II, J. Moreno Sanz (dir.), Galaxia Gutenberg, Barcelona, 2016, pp. 29-51.

«La mujer en la cultura medieval», *Ultra,* 45 (abril-mayo de 1940), pp. 275-278.

La Confesión: género literario y método, Luminar, México, 1943. En *Obras completas,* II [2016].

El pensamiento vivo de Séneca (Presentación y antología), Losada, Buenos Aires, 1944. En *Obras completas,* II [2016].

La agonía de Europa, Sudamericana, Buenos Aires, 1945. En *Obras completas,* II [2016:327-390].

«A propósito de "Grandeza y servidumbre de la mujer"», *Sur,* 150 (abril de 1947). Reproducido en:

Aurora: papeles del Seminario María Zambrano, 1 (1999), pp. 143-149.

«Para una historia de la Piedad», *Lyceum,* 17 (1949). Reproducido en: *Aurora: papeles del Seminario María Zambrano,* 7 (2005), pp. 103-107.

Hacia un saber sobre el alma, Buenos Aires, Losada, 1950. En *Obras completas,* II [2016:421-578].

El hombre y lo divino, FCE, México, 1955. En *Obras completas,* III, edición revisada, J. Moreno Sanz (dir.), Galaxia Gutenberg, Barcelona, 2022, pp. 95-359.

Persona y democracia. La historia sacrificial, Departamento de Instrucción Pública, San Juan de Puerto Rico, 1958. En *Obras completas,* III [2022:376-501].

La España de Galdós, Taurus, Madrid, 1960. En *Obras completas,* III [2022:523-609].

«Carta sobre el exilio», *Cuadernos del Congreso por la Libertad de la Cultura,* 49 (1961), pp. 65-70.

España, sueño y verdad, Edhasa, Barcelona, 1965. En *Obras completas,* III [2022].

El sueño creador, Universidad Veracruzana, Xalapa (México), 1965. En *Obras completas,* III [2022].

La tumba de Antígona, Siglo XXI, México, 1967. En *Obras completas,* III [2022:1111-1170].

Claros del bosque, Seix Barral, Barcelona, 1977. En *Obras completas,* IV.1 [2018].

De la aurora, Turner, Madrid, 1986. En *Obras completas,* IV.1 [2018:381-467].

«Sobre la iniciación. Conversación con María Zambrano». Entrevista con A. Colinas, *Los Cuadernos del Norte,* 38 (1986), pp. 2-9.

«A modo de autobiografía», *Anthropos. Revista de documentación científica de la cultura,* 70-71 (1987), pp. 69-73. En *Escritos autobiográficos, Obras completas,* VI, J. Moreno Sanz (dir.), Galaxia Gutenberg, Barcelona, 2014, pp. 715-727.

Notas de un método, Mondadori, Madrid, 1989.

Algunos lugares de la pintura, Acanto, Espasa-Calpe, Madrid, 1989. En *Obras completas,* IV.1 [2018].

Delirio y destino. Los veinte años de una española, Mondadori, Madrid, 1989. En *Obras completas,* VI [2014:841-1111].

«He estado siempre en el límite», entrevista con J. C. Marset, *ABC,* 23 de abril de 1989b, pp. 70-71.

Los bienaventurados, Siruela, Madrid, 1990. *Obras completas,* IV.2, J. Moreno Sanz (dir.), Galaxia Gutenberg, Barcelona, 2016, pp. 381-467.

Los sueños y el tiempo, Siruela, Madrid, 1992. En *Obras completas,* III [2022].

Nacer por sí misma. Ensayos sobre Antígona, Eloísa y Diótima, E. Laurenzi (ed.), Horas y horas, Madrid, 1996.

Las palabras del regreso, M. Gómez Blesa (ed.), Cátedra, Madrid, 2009. El volumen reúne parte de los escritos publicados o vueltos a publicar tras la vuelta a España en el suplemento «Culturas» del periódico *Diario 16* (1989-1991). Una parte de ellos en *Obras completas,* VI [2014:661-799].

Correspondencia

ZAMBRANO, M., *Cartas de La Pièce. Correspondencia con Agustín Andreu,* Pre-Textos, Valencia, 2002.

RIVA, R., ZAMBRANO, M., *Epistolario (1960-1989),* Monte Ávila, Caracas, 2004.

LEZAMA LIMA, J., ZAMBRANO, M., BAUTISTA, M. L., *Correspondencia entre José Lezama Lima y María Zambrano y entre María Zambrano y María Luisa Bautista,* J. Fornieles (ed.), Espuela de Plata, Sevilla, 2006.

ROIG, A., ZAMBRANO, M., *Epistolario Alfons Roig-María Zambrano (1955-1985),* R. Mascarell (ed.), Institució Alfons el Magnànim, Valencia, 2017.

GAYA, R., ZAMBRANO, M., *Y así nos entendimos: Correspondencia 1949-1990,* I. Vallejo y P. Chacón (eds.), Pre-textos, Valencia, 2018.

CROCE, E., ZAMBRANO, M., *Hasta pronto, pues, y hasta siempre. Cartas 1955-1990,* E. Laurenzi (ed.), Pre-Textos, Valencia, 2020.

FERRATER MORA, J., ZAMBRANO, M., *Epistolario. 1944-1977,* M. Osset Hernández (ed.), Editorial Renacimiento, Sevilla, 2023.

Otras publicaciones

ABELARDO Y ELOÍSA, *Lettere,* Einaudi, Turín, 1979. En castellano, una selección en *Más amarga que la muerte. Una aproximación a las cartas de Eloísa y Abelardo,* M. P. García (ed.), Altamarea, Madrid, 2025.

BENEYTO, J. M., GONZÁLEZ FUENTES, J. A., (eds.), *María Zambrano. La visión más transparente,* Trotta, Madrid, 2004.

BERROCAL, A. *Poesía y filosofía: María Zambrano, la Generación del 27 y Emilio Prados,* Pre-Textos, Valencia, 2011.

BLOCH, E., *El principio esperanza (1938-1947),* Trotta, Madrid, 2013.

BLUMENBERG, H., *Il riso della donna di Tracia. Una protostoria della teoria,* Il Mulino, Milán, 1988. En castellano, *La risa de la muchacha tracia. Una protohistoria de la teoría,* I. Reguera, T. Rocha (trs.), Pre-Textos, Valencia, 1999.

BROWN, W., «Oggi siamo tutti democratici», en AA. VV., *In che stato è la democrazia?,* Nottetempo, Roma, 2010. En castellano, *Democracia, ¿en qué estado?,* M. Gajdowski (tr.), Prometeo Libros, Buenos Aires, 2018.

BUTLER, J., *L'alleanza dei corpi. Note per una teoria performativa dell'azione collettiva,* Nottetempo, Milán, 2017. En castellano, *Cuerpos aliados y lucha política. Hacia una teoría performativa de la asamblea,* M. J. Viejo, Paidós, Barcelona, 2017b.

CAVARERO, A., «Dire la nascita», en DIÓTIMA, *Mettere al mondo il mondo,* La Tartaruga, Milán, 1990, pp. 96-131. En castellano, *Traer al mundo el mundo. Objeto y objetividad a la luz de la diferencia sexual,* M. M. Rivera Garretas (tr.), Icaria, Barcelona, 1996.

COLINAS, A., *Sobre María Zambrano: misterios encendidos,* Siruela, Madrid, 2019.

DE LUCA, P., E. LAURENZI, *Por amor de materia. Ensayos sobre María Zambrano, un entramado a cuatro manos,* Plaza y Valdés, Madrid-México, 2014.

ESPOSITO, R., *Le persone e le cose,* Einaudi, Turín, 2014. En castellano, *Las personas y las cosas,* F. Villegas (tr.), Katz Editores, Buenos Aires, 2016.

GALLI, C., *Il disagio della democrazia,* Einaudi, Turín, 2011. En castellano, *El malestar de la democracia,* M. J. de Ruschi (tr.), FCE, México, 2013.

GARCÍA MARRUZ, F., *María Zambrano: entre el alba y la aurora,* Vivarium, La Habana, 2004.

LEÓN, M. T., *Memoria de la melancolía,* Bruguera, Barcelona, 1982.

MORENO SANZ, J., *El logos oscuro: tragedia, mística y filosofía en María Zambrano: el eje de «El hombre y lo divino», los inéditos y los restos de un naufragio,* Verbum, Madrid, 2008.

Moreno Sanz, J., *María Zambrano. Mínima bibliografía,* La Isla de Siltolá, Sevilla, 2019.

Ortega Muñoz, J. F., *María Zambrano,* Arguval, Málaga, 2006.

Ortega y Gasset, J., *Meditaciones del Quijote* [1914], en *Obras completas,* I, Taurus-Fundación José Ortega y Gasset, Madrid, 2004, pp. 746-827.

Pittaluga, G., *Grandeza y servidumbre de la mujer. La posición de la mujer en la historia,* Editorial Sudamericana, Buenos Aires, 1946.

Revilla, C., *Entre el alba y la aurora: sobre la filosofía de María Zambrano,* Icaria, Barcelona, 2005.

Revilla, C. (ed.), *La palabra liberada del lenguaje: María Zambrano y el pensamiento contemporáneo,* Bellaterra, Manresa, 2013.

Sánchez Cuervo, A., Sánchez Andrés, A., Sánchez Díaz, G., *María Zambrano, pensamiento y exilio,* Biblioteca Nueva, Madrid, 2010.

Scheler, M., *Ordo amoris. Muerte y Sobrevivencia,* Revista de Occidente, Madrid, 1935.

Scheler, M., *El puesto del hombre en el cosmos,* Losada, Buenos Aires, 1938.

Índice

Nota de los editores   7

Cronología esencial   9

I   Mi inexorable vocación   19

II   Mi adolescencia fue la política   31

III   Con figura y vida propia   45

IV   Nacida en la guerra, no era de guerra   61

V   En la inmensidad del exilio   73

VI   La esperanza europea   87

VII   Todo tiene un argumento, menos la libertad   101

VIII   *Adsum*   117

Bibliografía   133

«No hay barrera, cerradura ni cerrojo que puedas imponer a la libertad de mi mente».

Virginia Woolf